PHILIPP KÖSTER
Viererkette auf der Doppelnull
Die Günter-Hetzer-Kolumnen

Tropen / **11** FREUNDE

Tropen
www.klett-cotta.de / tropen
© 2010 by J. G. Cotta'sche Buchhandlung
Nachfolger GmbH, gegr. 1659, Stuttgart
Alle Rechte vorbehalten
Printed in Germany
Umschlag: Klett-Cotta Design
Umschlagmotiv und Illustrationen von Sascha Dreier
Lektorat: Ulf Müller, Köln
Gesetzt in den Tropen Studios, Leipzig
Auf säure- und holzfreiem Werkdruckpapier gedruckt
und gebunden von CPI – Clausen & Bosse, Leck
ISBN 978-3-608-50301-2

INHALT

Die Clique **6**

Die Günter-Hetzer-Kolumnen **8**

Getränkehalter und Teppichreste:
*Ein Blick hinter die Kulissen
der Günter-Hetzer-Kolumne* **164**

Glossar **170**

DIE CLIQUE

GÜNTER HETZER

Der Chef, unbestritten. Hat schweren Schlag bei Rassehasen und Top-Bunnys all over the world. Ist mit Franz auf Du und Du und half auch schon mal Pelé bei Erektionsproblemen. Hat in allen Szeneläden vom Alcazar bis zum Pascha einen Deckel. Ehrensache!

DELLE

Kopilot und alter Freund. Suchte mit Onkel Günter schon Daum in Florida, ist Vorsitzender der Stiftung Hasentest, machte den Kaiser auf der legendären Bayern-Weihnachtsfeier mit seiner neuen Perle bekannt und … nun ja, lässt auch sonst nichts anbrennen. Hehe.

TROLLINGER

Der Seniorchef. Sorgt dafür, dass die Clique auch zukünftig zu den Partys der Adlertruppe eingeladen wird. Ansonsten sagt der Kollege nicht allzu konsequent nein zu Muntermachern aller Art. Anschließend dann ein Nickerchen im Kofferraum. Prösterchen.

WALDI

Hat immer zehn Flaschen Kristall in der Box. »Für Notfälle«, schmunzelt das agile Urviech. Größte Leistung überhaupt: Holte Phlegma-Weltmeister Rudi Rallala auf Island richtig aus der Reserve. Rudi am Keifen, und die Clique bückte sich ab. Kristall für alle.

Die Günter-Hetzer-Kolumnen

»Das ist alles schlecht recherchiert.
Und hemmungslos untertrieben!«
Waldemar Hartmann

ERST BETÄUBEN, DANN BESTÄUBEN

Auf ihrer Asienreise geht die Adlertruppe gegen Korea unter. 1:3 heißt es am Ende, auch weil der Kapitän allzu lässig einen Elfmeter verschießt. Dafür hat er sich am Vorabend als treffsicher erwiesen. Konichiwa!

Das musste man ihm lassen. Der Mann war pünktlich. Onkel Jürgen machte für uns den Chauffeur am Flughafen in Seoul. »Hier entlang, Jungs! Die Kollegen haben drüben geparkt!« Nicht im Ernst, die Kollegen? Höllenhunde, da hockten tatsächlich die patentierten Spaßbremsen Olli und Jogi und winkten linkisch aus dem Toyota. Delle hatte sofort den betonharten Hals und zischte mir zwischen den Zähnen zu: »Schlechter Witz, wie? Ich flieg doch nicht nach Seoul, um mit den Herren Valium und Dolormin in der Eckkneipe zu hocken und Bananensaft zu trinken!« Recht hatte er. War ohnehin ein Wahnsinn, diese Reise. Zwei Tage Kurztrip nach Seoul, bloß um die Weihnachtsfeier der Adlertruppe nicht zu verpassen. Andererseits hatte uns Röhnemeyer heiß gemacht. »Geishas ohne Ende und Reisschnaps aus der Tüte«, hatte der Kollege gestern Nacht ins Phone geröhrt. Wir hatten sofort die Tickets gebucht, natürlich Business, ganz bequem. Aber Satz mit X, wer hat neben uns auf Fens-

terplatz 3 A geparkt? Natürlich die parfümierte Friseuse vom
ollen Kahnemann. »Was macht die Dörrpflaume denn hier?«,
raunte Meister Waldi entsetzt. Der arme Mann hatte doch
tatsächlich die 3 B, Ollis getunter Goldschatz würde den Kollegen bis Seoul also schön zutexten. »Tja, Waldi«, grinste
Delle, »mal verlierst du, und mal gewinnen die anderen!«
Aber nun konnte es lo-hosgehen! Gemeinsam hoben wir den
vollstrammen Trollinger in den Kofferraum und fuhren
straffe Kolonne in Richtung Mannschaftshotel. Toyota 1 mit
Jürgen, Delle, Onkel Günter und Troll in der Ablage, Toyota 2
mit Bierhoff als Fahrer, dahinter die Frisur und Waldi. Erst
lief alles ganz gemütlich, dann war plötzlich Großer Preis
von Nordkorea angesagt. »Festhalten, Jungs!«, johlte Jürgen,
trat die Kiste hoch auf 190 Stundenkilos, und ganz geschmeidig zogen wir über den Standstreifen an den Woks vorbei.
Delle linste durchs Rückfenster und vermeldete grinsend:
»Bierhoff fährt Standgas, kommt nicht nach.« Ein Moment
der Andacht und der Stille: Der arme Waldi, wir konnten
nichts mehr für ihn tun. Zehn Minuten später brachte Jürgen
den Wagen vor dem Hotel zum Stehen, und wir hoben Trollinger aus dem Kofferraum. Endlich wurde der Kollege wach
und knurrte: »Guten Morgen.« Wir bückten uns ab, der Jet-
lag, es war schon sieben Uhr abends, keine Rede mehr von
Gumo. Als wir die Treppe zum Foyer hochstiefelten, kam uns
bereits Novize Shaggy entgegen, leere Kolben in der Pfote
und dicht bis unter die Locke. »Scheff, die Getränke sind alle!
Aber Kevin und Arne sind schon unterwegs zur Tanke!« Jür-

gen grinste: »Alle ziehen mit! Das nenne ich Teamspirit!« Der
Bundestrainer drückte uns zwei Schlüssel in die Hand. »Eure
Zimmer, Jungs, macht euch frisch, auch untenrum.« Die
Mahnung ging natürlich an Delle, Mr. Langzeit-Unterbuxe
2004. Drei Stunden später waren die Flöten frisch frisiert,
und die Clique schlug mit großem Hallo und hoher Fünf in
der Suite von Mike Ballack und der Weinbrand-Posse auf.
Die Stimmung war bereits scheckheftgepflegt, kein Wunder,
Shaggy und die krassen Jungs vom VfB hatten in der Hotelbar ein ganzes Rudel hübscher Puppen klargefahren. »Klasse
Optik«, murmelte da nicht nur Mike anerkennend. Es konnte
also losgehen. »Erst betäuben …«, rief Jürgen und hob die
schwappende Flasche, »… dann bestäuben!«, stand die ganze
Bande begeistert bei. Wir nickten anerkennend, die Jungs
hatten gelernt. Während DJ Timo die Regler hochzog, war
für die Clique mal wieder Zeit für die traditionelle Kicker-
Rangliste. Zwei Rassehasen am Fenster hatten es uns ange-
tan. »Die linke Maus ist internationale Klasse«, erläuterte
Delle. »Allerhöchstens im Blickfeld«, moserte Waldi. Wir ei-
nigten uns schließlich, die Perle war definitiv »im weiteren
Kreis«. Während Shaggy, Engelchen und die anderen Neuen
die Kornschranke passierten, stiefelte ich zu den beiden Tanten ans Fenster. Gleich ein guter Opener von Onkel Günter:
»Konichiwa, Mädels!« Die Perlen gingen sofort steil. Aber
wer kam natürlich gleich von hinten? Schlaumeier Ballack
hauchte mir ins Ohr: »Günter, das hier ist Seoul. Die Mädels verstehen kein Wort.« Und löste sich dann geschmeidig

aus der Deckung – auf Englisch natürlich. »You are so nice! When I tomorrow play against Korea, I'm thinking only at you! And when I shoot a penalty, it's a penalty to your heart!« Der alte Fuchs, warum fiel mir so was nie ein? Ein Elfmeter ins Herz! Und Ballack war so verdammt treffsicher.

SONDERFAHRT NACH RIVENICH

Der Sommer naht: höchste Zeit für die traditionelle Sonderfahrt der Clique zu Toppis Weinschenke nach Rivenich. Zumal dort gerade drei Busladungen Friseusen angelandet sind. Dann aber versaut der Wettskandal die ganze Stimmung.

»Sind wir bald da, Günter?« Waldi gähnte und zog das nächste Kristall aus der Kühltasche. Höllenhunde, wenn ich das nur wüsste. Wir kurvten seit geschlagenen drei Umdrehungen durch die Weinberge und keine Spur von Toppis legendärer Weinschenke. Wenn alles schieflief, dann verpassten wir heute Abend die ganz große Sause. Dabei hatte uns Klaus gestern noch richtig heiß gemacht. »Kommt in die Hufe, hab eben noch mal drei Busladungen Friseusen reinbekommen! Capisce, Kollegen? Ich bin ausgebucht!« Yeah, das hieß: Parole Höschen, jede Menge betanzbare Mädels und feinster Moselwein bis unter die Hirnrinde. Aber unsere jährliche Sonderfahrt »Hopp oder Toppmöller« im Januar nach Rivenich war ja ohnehin ein Pflichttermin für die Clique. Letztes Jahr hatten Delle und ich in Toppis Lokal auf der Tanzfläche schwerstens Alarm gemacht, um uns herum eine Beauty-Farm auf Betriebsausflug, das Stöckelwild ging steil und wir gingen hinterher mit Elvira und Ivonne ins Nagelstudio, ihr wisst, was ich meine, hehe. Nun also wieder Hasenjagd bei Toppi, obwohl wir ja bereits ein paar derbe Tage hinter uns hatten: Zwei Wochen waren wir mit Effe in Las Vegas unterwegs gewesen, jeden Abend Vollgas, mit geschmeidigen Chicks an den Stangen. Absoluter Höhepunkt: Effe trifft zufällig seine nervige Ex-Perle Claudia. Die können ja gar nicht mehr aufeinander, Effe und Wasserstöffchen. Delle und ich also die beiden nach allen Regeln der Kunst abgefüllt und vollstramm in die Kapelle gezerrt. Blitztrauung, bis dass der Tod euch scheidet, hehe. Effe lallte die ganze Zeit, Claudia kicherte nur, und wir haben uns abgebückt. Am nächsten Morgen war natürlich extrem rauchige Stimmung bei Herrn und Frau Effenberg angesagt. War uns aber so was von egal, unser Flug ging schließlich am Nachmittag. Und da stand die Schänke ja endlich vor uns: »Toppis Sportsbar«. Wir parkten die Karre hinterm Haus und zogen Troll von der Rückbank. Der Kollege hatte sich nach der DFB-Sitzung ein fettes Feierabendgedeck mit allen Zutaten gegeben und kurz nach Trier die Grätsche auf der Rückbank gemacht. Reine Routine. Nicht mal beim obligatorischen Zwischenstopp bei den Mädels in der »Oase« hatte Troll sich noch mal aufgerichtet. Sei's drum, nun ging es los. Mit einer Promi-Polonaise und großem Hallo enterten wir die Hütte, wo Toppi schon ungeduldig auf uns wartete. »Da seid ihr ja endlich«, grinste Löckchen, hohe Fünf für die ganze Bande und gleich mal eine Runde Kröver Nacktarsch für alle. Troll, das alte Fass, hockte sich allerdings sofort an die Bar und ließ den Kopf auf den Tresen sinken. Wir hingegen blickten uns neugierig um. Hasenradar! Die ganze Tanzfläche voll mit scheckheftgepflegten Tanten im besten Alter. »Dann mal ran an den Speck«, grinste Delle und machte prompt zwinker, zwinker mit einer vorbildlich getunten Hostess aus Koblenz. Dieser Teufelskerl. Derweil bimmelte ständig Trolls Funkgurke, Waldi linste neugierig aufs Display: »Leck mich fett«, staunte er, »36 Anrufe von Zwanziger, 28 von Hackmanns Werner. Waren die Jungs zum Essen verabredet?« Mir egal, schließlich stand ich gerade in aussichtsreichen Verhandlungen mit einer Perle am Tresen. Commander Love in Aktion, bitte nicht stören! Doch gerade, als ich mit der Magd feines Zungen-kompott anrühren wollte, nervte Waldi wieder rum. Höllen-hunde, was war denn nun schon wieder los? Aber Waldi hatte heiße News: »Gerade erfahren, dicker Wettskandal in der Liga.« Das waren natürlich Neuigkeiten, ich vertröstete die Tresentante auf später und marschierte mit Delle und Waldi rüber zu Toppi. Jetzt war Spaß am Dienstag fällig: klei-ner Scherz mit Klaus. Delle machte den Anfang: »Da musst du dich beschweren, Klaus.« Waldi ergänzte: »Überleg doch mal, wenn ihr damals gegen Paderborn gewonnen hättet, wärst du heute noch HSV-Trainer!« Toppi, ohnehin schon ha-ckedicht bis unters Stirnband, gleich mit der ganz dicken Ader: »Ihr habt recht, jetzt mache ich richtig Alarm. Ich ruf mal ein paar Jungs von der Presse an.« Und machte sich dünne. Wir fielen beinahe um vor Lachen; Toppi, der Vollspa-ten, ging steil. »Richtig Alarm«, gluckste Waldi. Neben uns

rülpste es, der Golem erhob sich. »Troll«, grinsten wir, »geh
mal ans Telefon. Bei Otto Fleck daheim brennt die Hütte.
Wettskandal und so.« Trollinger winkte gelangweilt ab. »Weiß
ich doch schon seit August.« Und legte sich wieder auf dem
Tresen ab. Na dann. Darauf noch einen Kröver Nacktarsch.

BERTI ANTE PORTAS

Nicht zu fassen: Berti wird Sportdirektor in der Fleck-Schneise! Dicker, fetter Gehaltsscheck und ein amtlicher Dienstwagen. Das hat die Clique aus sicherer Quelle erfahren! Jetzt muss sie nur noch dichthalten!

Waldi richtete sich ächzend auf und wankte mit der neuen »Supermöpse« in Richtung Doppelnull. »Mal kurz das Pfeifchen ausklopfen«, grinste der alte Fuchs. Delle knurrte: »Mach hin, Kollege, muss auch noch auf die Box.« Ich beäugte derweil die Funkgurke, Trollinger hatte sich noch nicht gemeldet. Hatte der Seniorchef etwa immer noch die dicken Kabel am Hals, bloß weil wir ihn damals vollstramm zur Christiansen gefahren hatten? Sollte sich mal nicht so anstellen, der komische Vogel. Die Clique war extra nach Frankfurt gekommen, um sich in der Otto-Fleck-Schneise mit Troll einen zu brennen. Und zwar vierlagig! Es gab aber auch was zu feiern, schließlich hatte Troll nachmittags Altendiez-Theo gezeigt, wo der Frosch die Locken hat. Na, und wer sagte es, da bimmelte auch schon das Mobile. »Sekretariat Dr. Zwanziger«, flötete ich in die Muschel, am anderen Ende lachte Troll nur kurz und trocken. »Jungs, wir treffen uns in einer halben Stunde vor dem Hotel, ich bringe noch einen Überra-

schungsgast mit.« Klick, weg war er. Die Clique natürlich
derbe abgelacht. Einen Überraschungsgast? »Wahrscheinlich
doch wieder nur Biggi Prinz!«, unkte Delle. Eine halbe Um-
drehung später war die Clique komplett angetreten, als Troll
endlich mit der DFB-Stretch um die Ecke geheizt kam. Wir
linsten in den Wagenfond, aber kein Rassehase weit und breit.
Überhaupt niemand, um genau zu sein. »Schaut noch mal
richtig hin«, grinste der Präsident. Gesagt, getan, und tatsächlich, da hockte einer. Das war doch … »Leck mich fett, Berti,
was machst du denn hier?«, kommentierte Waldi verblüfft.
Delle und ich blickten genervt, keine kessen Gören, stattdessen die Schlaftablette aus Korschenbroich. Konnte ja ein heiterer Abend werden. Mächtig angesickt, klemmten wir uns
zu Berti auf die Hinterbank, und Troll trat die Kiste straff in
Richtung Bankenviertel. Berti textete gleich los. »Jungs, ich
bin wieder dabei. Werde Sportchef bei der Nationalelf! Feiner
Posten, nichts zu tun, aber 20 große Scheine im Monat!«
Wir bückten uns ab, Vogts wieder bei der Adlertruppe? Wer
hatte denn den Deal eingetütet? »Troll?«, fragten wir zwei-
felnd nach vorne. »Muss ich lattendicht gewesen sein«, kam
es schuldbewusst zurück. »Na, da wird sich Onkel Jürgen
aber freuen«, gluckste Delle, und wir gaben uns die hohe
Fünf. Der Präsident zischte nach hinten: »Jungs, das ist noch
Toppmöller secret. Gefälligst die Klappe halten!« Ehrensache,
Käpt'n! Und dann waren wir auch schon da, Troll bremste
scharf und blockte die Feuerwehreinfahrt, der Klassiker! Wir
checkten aus, gaben uns noch jeder ein Blechbrötchen und

marschierten in Richtung Kantine. Schnell noch das Cliquen-
motto: Unser letzter Wille – 2,5 Promille. Und ab dafür, mit
einer Polo ging es in den Saal. Wo bereits die komplette Feier-
Guerilla angetreten war. Auf der Tanzfläche klebte Skibbe
ganz dicht an einer Katalogschönheit, kein Zweifel, Horny
Mike ging steil. Zwei Meter weiter hockten die Jungs vom
Fernsehen, ganz erfahrene Wintersportler, die Kollegen hatten heute sicher schon ausgiebig an der Tischplatte gerochen.
Weiter hinten chillten die Jungs vom Adlerteam. Onkel Jürgen flexte gerade an einer Bedienung herum, auch Olli war
bei einer Thekenkraft gut im Rennen. Nur die Frisur spielte
Taschenbillard, Jogi Löw war eben der geborene Verlierer. Wir
warfen uns neben Jürgen in die Couch. »Na, Jürgen, schwer
beschäftigt?« Der Onkel winkte genervt ab: »Die Alte ist 'ne
Gefrierbox. Absolute Zeitverschwendung!« Und nun entdeck-
te der Bundestrainer auch seinen Vorvorvorgänger, Berti
wurde gerade geflissentlich an der Theke übersehen. Jürgens
Miene war auf einmal eisig: »Wer hat den Vollhorst denn
eingeladen?« Wir grinsten: »Bleib entspannt, Jürgen, den Kollegen siehst du ab sofort wieder öfter!« Ups, falscher Text
und sofort extrem rauchige Stimmung auf der Trainerbank:
»Was soll das denn heißen?« Wir kicherten in unsere Gläser.
»Ach, nichts«, lachte Delle, aber Waldi mopste sich gleich:
»Na, wo der Berti doch jetzt Sportdirektor …« Weiter kam Waldi nicht, denn schon sprang Jürgen auf und wankte mit ordentlich Seegang zu Zwanziger an die Theke rüber. Da gab
es wohl einiges zu klären. Kurzer Dienstweg, hehe. Gegen

fünf Uhr morgens trugen wir Troll zum Auto. Hackenstramm klemmte sich der Mann hinters Lenkrad und wandte sich dann noch mal zu uns um: »Jungens, ihr habt doch dichtgehalten, mit Berti und so? Soll 'ne Überraschung werden ...« Antwort von der Clique: »Aber klärchen.« Ehrensache, Käpt'n!

KLAPPMESSER UND FERNET

Die Osteuropareise wird zum großen Erfolg für die Clique. Als Höhepunkt schmeißt Kahnemann Lokalrunden in einer Topless-Bar. Das nennt man eine perfekte Vorbereitung. Die Ergebnisse der Spiele? Nicht so wichtig.

So viel stand fest: Slowenien, nicht mit uns. Wir kannten schließlich den Ostblock. Definitiv keine akzeptablen Puppen am Start, außerdem laborierte ich noch immer an dem teuflischen Zwölfender Magengeschwür, das mir Răducanu auf unserer legendären »Wir geben Buka den Rest«-Tour mit seinem selbstgebrannten Magenputzer verpasst hatte. Am nächsten Morgen standen wir allerdings doch wieder mit der kompletten Sondereinheit am Gate, Troll hatte uns rumgekriegt, auf die ganz billige Mitleidstour. »Soll ich etwa mit Theo den ganzen Abend Fachinger saufen?« Konnten wir ihm natürlich nicht antun. Und außerdem, die Reise fing schon blendend an. Waldis Kristall-Batterie ging, für einen großen Blauen an die Wachmannschaft, ohne Problem durch die Kofferleuchte. Und auch bei der Nati war die Stimmung prächtig, als die Clique den Flieger enterte. »Günter, Günter«, johlte die bereits prächtig gelaunte Koma-Crew um Arne und Shaggy, die Kojoten hatten also schon vorgebrannt; bei

Owo klimperten die Flachmänner unterm Sitz. Vorbildlich! Da wächst was heran! Kahnemann räumte ohne langes Zucken den Fensterplatz, und wir gaben der kompletten Meute die hohe Fünf. Mike Ballack kam dann gleich hektisch vom Ecktisch: »Jungs, den Fernet dabei?« Daumen hoch von Delle, und Ballack lehnte sich erleichtert zurück. Wer mal wieder überhaupt nicht auf uns klarkam, war die Frisur. »Ich dachte, die Vögel haben Hausverbot«, mopste sich Jogi, als wir Niersbach und die Otto-Fleck-Posse begrüßten. »Füße still, Assistent, sonst hab ich gleich Flugbier für dich!« Da war endlich Ruhe und der richtige Moment für die große Waldi-Gaudi, ein Dienstbier für alle aus Waldis legendärer brauner Ledertasche. In Slowenien lief dann das normale Programm. Onkel Jürgen zog die komplette Show für die Journaille ab. Alle schön am Mitschreiben, als ihnen Höller Junior schwerstens einen vom Pferd erzählte, Motivations-CD, Weltmeister, laberlaberlaber. Wir wussten es natürlich besser, hatten schließlich Ölig Bierhoff am Counter getroffen. »Jungs, die CD ist der absolute Hammer«, grinste der Manager, »ausschließlich exklusive Erotik-Pics. 300 scheckheftgepflegte Bunnys, gestern aus dem Netz gesaugt. Könnt das Teil übrigens bei mir bestellen!« Gebongt, Waldi verschwand gleich mal für eine kleine Handentspannung auf der Doppelnull. Ohnehin machten sich die Jungs gerade auf den Zimmern die Flöte frisch, vorher hatte es noch schnell die Teambesprechung gegeben, wichtige Ansage von Käpt'n Mike: »Diesmal sind alle in der Pflicht, Jungs.« In der Tat, ein zweites Rumänien durfte es keinesfalls geben. In Bukarest hatte nur Ballack bis zum Frühstück durchgehalten. Die anderen Vollspaten machten alle noch vor dem siebten Fernet das Klappmesser. Alles voll im Café Waagerecht. Beschämend, wie standen wir bitte schön vor Rǎducanu da? Die nächsten zwei Stunden hingen wir dann in der Suite herum, Troll legte sich gleich in der Badewanne ab, wir zogen uns das Kristall von Waldi in die Schläuche und schauten beim Bezahlkanal vom Hotel-TV vorbei. Aber mal wieder typisch Warschauer Pakt, statt Action nur Kuschelkuschel und ödes Gequassel auf Slowa…dingsbums. »Passiert da langsam mal was?«, murrte Waldi und nestelte unschlüssig an der Gürtelschnalle. Da klopfte es an der Tür, und Delle linste durch den Spalt, aber wir hörten schon Mike von draußen rufen: »Abfahrt in fünf Minuten, die Jungs sind heiß!« Und in der Tat, fünf Minuten später fuhren wir mit vier Taxen und ordentlich Stundenkilos in die Stadt. »Wie heißt das Kaff?«, fragte Ölig in die Runde. Ratlose Gesichter. Auch nicht so wichtig! Waldi und ich waren Teamleiter im ersten Wagen, Delle führte mit Bela vom ZDF und Onkel Jürgen die zweite Crew, Shaggy und Ballack die dritte. Um es kurz zu machen, der Abend war ein Träumchen. Gleich in der ersten Absteige machten wir dem Wirt die Fässer komplett leer, anschließend schmiss Kahnemann in einer Topless-Bar eine Lokalrunde und gab Zunge für die Wirtin. Alles kann, nichts muss! Erst um acht Uhr schlugen wir unter großem Hallo wieder im Hotel auf, Bierhoff gab Schulter, und schön mit der Raupe an Jogis Zimmer vorbei. »Wenn der jetzt rauskommt, kriegt er einen Herzschlag«, gluckste Mike. Um halb neun hatten wir den vollstrammen Shaggy endlich ins Bett geworfen, und Ölig baute noch schnell eine Tüte. »Eigenanbau!«, prahlte er. »Lässiger Abend«, meinte Delle, wir nickten. »Reif für die WM, die Truppe!«

WM-POKER IN DER SCHNEISE

Im OK werden intern Karten für die WM 2006 vergeben. Also werfen sich Günter, Gerd und das Urviech in Schale. Und wer sagt es, die Burschen bekommen Tickets zugeteilt. Auch wenn die Namen darauf nicht ganz stimmen.

Yep, der Abend konnte kommen. Die Buxe stramm, die Flöte ordnungsgemäß auf rechts, die Haare im Wind, cruisten wir ganz lässig in Richtung Otto Fleck. Onkel Jürgen hing mit ein paar Rassehasen in Kalifornien ab, hatte uns sein Cabrio geliehen, 200 Pferdchen, ganz gepflegter Abrieb, einzige Bedingung: Trollinger nur als Beifahrer. »Letztes Mal hat mir der Patient das komplette Verdeck ruiniert«, hatte Jürgen gemosert. Hehe, armer Troll, war schließlich Waldis komplett verstrahlte Idee gewesen, die Kristall-Batterie ausgerechnet im Faltdach zu bunkern. Einmal geschmeidig gebremst, schon hatte sie den Abgang gemacht, Destination Hinterbank. Glasbruch, Schaumparty, hohe Fünf! Nun war unsere Partyposse wieder scheckheftgepflegt am Start, Routineeinsatz in der Schneise. Zuvor Newsflash vom Kaiser auf der Funke: Interne Kartenvergabe beim OK! Yeah, da mussten wir natürlich dabei sein! Ein Blick aufs Zeiteisen, wir waren schon wieder verdammt spät dran. Delle trat das Gas noch mal kräftig Richtung Süden, und mit ordentlich Stundenkilos knallten wir auf den Parkplatz. Natürlich wieder mal keine Box frei für die Stars in der Manege, aber wie immer war auch die Feuerwehrausfahrt noch frei. »Jaha, wer sagt's denn«, grinste Delle und parkte rückwärts ein. Wir hoben Troll aus dem Kofferraum und checkten ein mit großem Hallo und hoher Fünf für Franz. Der stakste gerade durch den Eingangsbereich, hehe, schwerer Seegang, der Kollege war definitiv schon ordentlich angeleuchtet. Wahrscheinlich hatte er bereits seit dem Nachmittag mit den anderen Vollvögeln vom OK mächtig gelitert. Während Waldi an der Theke vier Nutzgetränke für die Clique klarfuhr, lurchten wir uns professionell an den Kaiser ran. »Franz, wie sieht's jetzt aus mit Tickets?« Der Kaiser, ganz lässig, holte ein komplettes Bündel aus der Buxe und warf es auf den Tresen. »Sucht euch was aus, Kollegen.« Hehe, ließen wir uns natürlich nicht zweimal sagen vom Chefkoch. Delle und ich versenkten unauffällig zehn komplette Serien, Vollausstattung, Buffetinseln, Parkplatz im Stadion und jede Menge Extras. Außerdem 20 Endspielkarten, Ehrenloge, Vollpension. »Und einmal Stehplatz unüberdacht für Waldi«, grinste Delle breit. Wir machten Danke bei Franz, der aber winkte entspannt ab. »Geschenkt, Buben! Hab noch Tickets ohne Ende oben!« Der alte Fuchs, offiziell alles ausverkauft, aber oben das dicke Lager! Der Kaiser winkte Horst R. an den Tresen: »Schmidtchen, erzähl den Jungs, wie wir das mit der Ticketvergabe hinbekommen haben.« Horst grinste: »Ganz simpler Trick. Haben wir über Jürgen in

Kalifornien laufen lassen.« Hut ab, wir nickten anerkennend, und Delle spendierte eine Runde feinen Fernet. Währenddessen hatte sich bereits eine Schlange hinter Franz gebildet. Wollten natürlich alle Tickets, die gierigen Spechte. Ganz vorne Berti, dahinter die Dortmunder Pleitiers. Wir machten den Sittich in Richtung Theke. Dahinter rührten ein paar prämierte Jungpuppen in den Gläsern, yeehaw, da waren reife Herren gefragt. Vor dem Tresen waren Mike Ballack und die anderen Kojoten aus der ersten Mannschaft schon gut unterwegs. Wir gaben Pfötchen, die Jungs waren allerdings schwer beschäftigt. »Drittes Planungstreffen Confed Cup«, erklärte Mike und fasste zusammen. »Apfelkorn kommt von Kahnemann, Schweinsteiger ist Fernet-Beauftragter, Shaggy, das Pils diesmal bitte mit Spaß!« Shaggy nickte beflissen, und die Runde bückte sich ab. Zu köstlich, gegen Argentinien war Owomoyela doch glatt mit Jever Fun im Hotel aufgeschlagen. Wir setzten unseren Rundgang fort, allzu viel los war aber nicht mehr. Also hievten wir Troll von der Doppelnull und checkten aus, aber Höllenhunde, auf dem Parkplatz war ordentlich Gelblicht, Abschleppservice für Jürgens Cabrio, der Haken mittenmang ins Faltdach. Hehe, Jürgen würde toben. »Das Fahrzeug hat die Feuerwehrzufahrt blockiert«, erklärte ein Wolfgang Wichtig von der Trachtengruppe. »Gehört Ihnen der Wagen?« Delle grinste: »Sehe ich aus wie ein Cabriofahrer?« Wir schlenderten unauffällig zum Ausgang und holten dann unsere Endspielkarten aus der Buxe. Na hoppala, die Tickets waren sogar personalisiert. Im

Schein der Straßenlaterne versuchten wir die Namen zu ent-
ziffern. »Ich hab das Ticket von einer Doris Irgendwas ...«,
griente Delle. Meine Karte gehörte einem Gerhard, den Rest
konnte ich nicht lesen. Hauptsache, Ehrenloge, würden
schon ganz ordentliche Plätze sein.

AUF DEM DACH MIT MARIA CRON

Panik in Frankfurt: Das Dach des WM-Stadions ist undicht, es regnet rein. Was Günter allerdings ziemlich verwundert, schließlich haben er und die Jungs noch am Abend vorher alles gründlich getestet.

Die Waage war kaputt! 89 Kilo? Konnte nicht sein, niemals. Ich hatte in den letzten Wochen eisern Maß gehalten. 89 Kilo! Moby Dick in schwerer See. Wahrscheinlich hatte mir das Konterbier von heute Morgen die Bilanz verhagelt. Die Funkgurke riss mich aus der Altersdepression. »Mein Lieber«, das war unverkennbar Trollingers öliges Timbre. »Heute Abend um sieben Uhr am Waldstadion, Frankfurt, ich hab fürs Endspiel fünf Plätze an den Buffetinseln klargefahren!« Ich stöhnte genervt, Confetti Cup, goldene Ananas, außerdem war ich auf Diät. Später am Stadion ging es auf dem kurzen Dienstweg in den Wichtigbereich. »Wer spielt denn?«, fragte Waldi, Trollinger zuckte mit den Achseln. »Brasilien?« War auch wumpe, wir schmissen gleich mal den Hasenradar an. Aber wieder nur die üblichen Verdächtigen, hauptsächlich Krawatten von der DFL. »Negativ«, knurrte Delle düster und wurde plötzlich hektisch. »Köpfe runter, Jungs!« Wir tauchten blitzschnell ab. »Keinen Muckser«, zischte der Kom-

panieführer. »Helmer und Filali im Anmarsch.« Dann ent-
spannte er sich wieder, Tommy und seine Reisebegleitung hatten sich ein anderes Wirtstier gesucht. Der arme Rummenigge! »Kalle, wie fühlst du dich?« Helmers Opener für jede
Lebenslage, großes Emokino. Wir hingegen richteten die
Hosenbeine. »Noch mal Glück gehabt«, grinste Waldi. Nun
aber los, am Tresen hatten wir jede Menge junges Gemüse
geortet. »Wieder ein Fall für die Fantastischen Vier«, kommentierte Waldi. Delle und ich sicherten den Rückraum, Trollinger kam ächzend hinterher. Und wer sagte es denn, an
der Bar gab es großes Hallo für die Königstiger. »Sind Sie nicht
der Kerl aus dem Fernsehen?«, gurrte eine. Ich nickte geschmeichelt und winkte dem Barkeeper, bitte einen Schlüpferstürmer für die Dame. Aber dumm gelaufen, der Rassehase
meinte Delle. Drauf gepfiffen, die Mamsell sah eh danach
aus, als äße sie die Kiwi mit dem langen Löffel. Außerdem
ist die Braut drei Stühle weiter sicher auch nicht wegen eines
Rhetorikseminars hier. Prädikat: betanzbar. Doch noch vor
meinem ersten Achtungserfolg kam Bewegung in die Truppe.
Waldi hatte Neuigkeiten: »Mitkommen, Männer! Veronika
kann uns aufs Stadiondach bringen. Spitzenaussicht!« Veronika war offenbar die Thekenkraft, mit der Waldi gerade
bilaterale Verhandlungen aufgenommen hatte. Gerd und ich
blickten uns an: Warum nicht? Würde schon nichts schiefgehen, wie beim Pokalfinale neulich, als wir in der Nacht vor
dem Spiel die Sprinkleranlage komplett geschrott… aber mal
schnell anderes Thema. Es bildete sich fix eine Reisegruppe,

aus unserer Clique blieb nur Troll bei seiner alten Freundin Maria Cron. Vier Mädels waren in der Crew, allesamt Beine bis zum Collier und beeindruckende Haptik. Die DFL-Posse schaute schon neidisch rüber. Jeder aus unserer Einheit griff sich noch schnell eine Flasche Möt, dann ging es los. Veronika lotste uns ins Dachgestänge des Stadions. Eine schmale Treppe, die Damen marschierten tuschelnd vorneweg, Waldi hinterher und zeigte ein beeindruckendes Klempner-Dekolleté. Auf dem Zeltdach angekommen, gab es für die ganze Crew feinsten Perlwein aus der Flasche. »Seht mal her«, johlte Waldi, »elastisch!« In der Tat, sprungmäßig ging da einiges. Die ganze Crew hüpfte ausgelassen über das Zeltdach. Delle, der alte Kreismeister, natürlich gleich die Katschew-Grätsche ausgepackt, das machte schwer Eindruck bei den Damen. Konnte ich doch auch. »Aufgepasst, Mädels, jetzt kommt Onkel Günter!« Ich nahm Anlauf und machte den Dreifach-Toeloop. Plötzlich ein merkwürdiges Geräusch. Ratschschsch. Schöne Bescherung, ein fetter Riss mitten in der Plane. Wir linsten hindurch, hui, das ging tief runter. »Von wegen WM-tauglich«, mopste sich Waldi. Plötzlich rutschte das Urviech mit Schmackes ins Loch und zappelte dort wie ein Maikäfer. Wir bückten uns ab und zogen ihn mit vereinten Kräften wieder frei. Delle grinste: »Da wird es schön reinregnen. Die Kollegen vom OK können gleich mal ein paar Eimer an der Eckfahne aufstellen!« Schon fielen die ersten Tropfen. »Alle Mann ins Trockene«, kommandierte Delle, und wir traten den Rückzug an. Was für eine Pleite. Delle moserte: »Günter, du bist einfach zu dick.« Kaum wieder zurück im Wichtigbereich, genehmigte ich mir einen Doppelten. Plötzlich hinter mir Showstern Beckmanns weichgespülte Stimme: »Günter, wie fühlst du dich?« Danke der Nachfrage. Wie man sich so fühlt mit 89 Kilo.

DAS HOTELKOMPETENZTEAM

Wenn's sonst keiner macht: Hetzer und die Clique testen das deutsche WM-Hotel im Grunewald auf Herz und Nieren. Natürlich läuft alles komplett über den DFB-Spesentopf, Rechnungsübernahme durch die Schneise garantiert.

Es war natürlich mal wieder Trollingers beknackte Idee gewesen. Seit drei Stunden cruisten wir nun schon durch die Hauptstadt, und Troll, der vollsteife Patient am Lenkrad, hatte immer noch keinen blassen Schimmer, wo es langging. »Muss hier irgendwo sein, Jungs«, kam Troll kleinlaut daher. Delle rollte nur die Augen, und Waldi hatte sich ohnehin schon vor einer Stunde neben mir auf der Rückbank waagerecht gemacht. Der Sportsfreund hatte noch vom Ligapokalfinale gestern Abend die ganz enge Mütze auf. Die Schalker Crew mit Klausi Fischer als Teamleiter hatte ordentlich Gas gegeben, bis auf Rudi Assauer natürlich. Noch Fragen zum Thema Veltins alkoholfrei? Ich dagegen fühlte mich extrem unterhopft, war nämlich gestern Abend mit der Gattin bei Beckmanns eingeladen gewesen. Die übliche Ödnis: Raclette und Scharade. Teufel auch, dabei hatte sich Trollingers Vorschlag am Telefon extrem gediegen angehört. Mit der Clique im deutschen WM-Quartier im Grunewald

einchecken und das ganze Wochenende penetrant die Betten-
tester raushängen lassen. Rechnung direkt an die Otto-Fleck-
Schneise, hehe. Nur dafür mussten wir die Hütte erst mal
finden. Schön blöd, dass Troll am Start vollstramm ins Navi
geascht hatte, die verdammte Blechstimme lotste uns seit-
dem durch Mittelitalien. Sei's drum, ich genehmigte mir ein
Blechbrötchen aus der Kühltasche und gab mir den Kolben
schwedisch, dann war plötzlich Gefahr im Verzug. Die Jungs
von der Trachtengruppe Grün-Weiß fuhren parallel. Per-
fektes Timing, dass Trollinger ausgerechnet jetzt die Flasche
Möt hochholte, die zwischen seinen Flossen parkte. »Flasche runter«, zischte Delle zwischen den Zähnen. »Wir haben staatlichen Begleitservice.« Troll checkte nichts mehr.
»Wasssagstsu?« Prösterchen und die Kelle für Trollinger. Zehn
Sekunden später beugte sich ein Schnauzer durchs Fenster
und wedelte mit seiner Hundemarke. »Dann hätte ich doch
ganz gerne mal den Führerschein gesehen«, machte der
Kollege einen auf Staatsschützer. Alles kein Problem, dachten
wir, war aber doch eins. Einen Führerschein hatte Troll nämlich schon seit der WM 1982 in Spanien nicht mehr. Für
den Kameraden war der Abend natürlich gelaufen. Und auch
für uns war klar, jetzt mussten wir uns als echte Freunde
beweisen. Waldi winkte: »Taxi!« Cooler Move vom Kollegen,
eine Minute später saßen wir bereits im Bezahlwagen und
grinsten: »Trollinger, der Vollspaten.« Und unfassbare drei Minuten drauf parkten wir am Hotel. Nicht zu fassen, der Halb-
präsident war tatsächlich 15-mal an der Einfahrt vorbeige-

34

gurkt. Sei's drum, wir checkten ein. Natürlich clever und smart. Waldi führte die Verhandlungen mit dem Schergen an der Rezeption: »Wir sind das Hotelkompetenzteam von Jürgen Klinsmann. Die Juniorsuite bitte.« Der Vollvogel kapierte natürlich gar nichts. »Wie waren noch mal Ihre Namen?« Waldi buchstabierte zum Mitschreiben: »Mül-ler-Wohl-fahrt.« Dann Delle: »Skib-be.« Und ich: »Wil-fried Moh-ren.« Und damit der devote Liftboy nicht auf dumme Gedanken kam: »Rechnung bitte an den Deutschen Fußball-Bund, die Kreditkarte von Herrn Zwanziger.« Wenigstens das konnten wir für Troll noch tun. Anschließend ging es unter großem Hallo in die Hotelbar. Dann machten wir Alarm, immer an der Karte entlang, auf den Deckel von Onkel Jürgen. »Ihr tankt aber ganz schön, Jungs«, der Barkeeper sparte nicht mit Komplimenten. »Die Letzten, die hier so zugelangt haben, waren Owomoyela und Ballack während des Confed Cup.« Wir nickten geschmeichelt. »Wie sieht es aus, Jungs?«, kam Waldi um die Ecke. »Rauf aufs Zimmer und Rocco bei der Arbeit zuschauen?« Plötzlich kam ein Wolle Wichtig ange dackelt. »Meine Herren«, mopste sich der Geselle, »die Delegation von Herrn Klinsmann war bereits hier. Da stellt sich mir doch die Frage, wer sind Sie?« Gab's doch gar nicht! Hatte Jürgen tatsächlich die Frisur zum Bettentesten vorbeigeschickt? Wir zuckten mit den Achseln. »Dann mache ich mal die Rechnung fertig«, kommentierte der Hoteldirektor eisig. »Und zwar für das komplette Hotelkompetenzteam.« Wir standen ratlos herum, als der Barkeeper leise pfiff. »Hier ent-

lang, Jungs!« Sagenhaft, eine Tür zum Hof! Ganz großer
Sport! Wir machten uns in Weltrekordzeit dünne. Der Barkeeper legte grüßend die Hand an die Stirn und lachte: »Bis
zur WM, Jungs!« Grüße zurück von Skibbe, Mohren, Müller-
Wohlfahrt, dem einzig wahren Hotelkompetenzteam.

IGELALARM IN MERTES TASCHE

Didi, unser Mann in England, ist wieder bei der Adlertruppe. Und lädt gleich mal zum Aufwärmtraining mit drei Paletten Karlskrone. Sogar die Sat1-Posse um Reiseleiter Wonti ist diesmal mit dabei.

Die beste Nachricht hatte uns Onkel Jürgen schon ein paar Tage vor dem Ritt nach Rotterdam gefunkt. Storch war endlich wieder dabei. Früher definitiv einer unserer besten Männer, Träger des Fernet-Branca-Abzeichens in Silber, hatte am Bierglas immer ordentlich abgeliefert. Unvergessen, wie er nach dem letzten Kick in Wembley gemeinsam mit Trollinger den Zapfhahn in der VIP-Kantine leergerüsselt hatte. Standing Ovations, den Tommys war mächtig die Oberlippe verrutscht. Dann hatte der Kollege allerdings den Sittich nach Liverpool gemacht und literte nur noch Sparbier auf der Insel. Aber alles vergessen, nun war Hamanns Didi wieder zurück in der Adlertruppe und hatte für den Dienstag ein Aufwärmtraining im Mannschaftshotel angesetzt. Das hieß große Mobilmachung in der Feierszene, die Komakolonne von Premiere fuhr mit drei Autos, die Vögel von Sat1 hatten sogar einen Bus eingesetzt, mit Wonti als Reiseleiter. Und selbstredend war unsere Fernet-Posse komplett zum Dienst erschienen. Wir juckelten mit Delles Familienkutsche über die Grenze, dann machte Gerhard an der Kurbel Pace, wir waren nämlich wieder mal verdammt spät dran, das würde zeitlich noch ein ganz enges Höschen. Ich blockte jedenfalls den Sozius, Waldi und Heribert die Bank, Trollinger schnorchelte friedlich im Kofferraum und wachte nicht einmal auf, als Delle mit geeichten 120 Stundenkilos auf der Nadel die Einfahrt zum Hotel hochbretterte. Natürlich kam sofort Freddie Frikandel an die Karre und öffnete beflissen den Kofferraum, aber Satz mit X, da lag doch Trollinger drin. »Bitte schön, unser Gepäck«, grinste Waldi. Gemeinsam wuchteten wir den Kollegen aus der Karre und schleiften ihn zur Rezeption. Und wer sagte es denn, am Counter kam uns der schon stattlich betankte Mike in Badeschlappen entgegen. »Jungs, wo bleibt ihr denn?«, rief der Käpt'n und lüftete grinsend das Hemd. Der Fuchs hatte doch tatsächlich eine Flasche Lambrusco im Hosenbund geparkt. Sehr professionell, wir nickten anerkennend. Plötzlich wurde Delle hektisch und zog uns hinter eine Dekopalme. Höllenhunde, die Frisur auf Kontrollgang! Ein paar Sekunden später war Jogi Löw wieder im Seitenflügel verschwunden. »Das geht schon seit zwei Stunden so, eben haben wir drei Paletten Karlskrone hochgeschleppt, glaubt ihr, der Kobold hat was gemerkt?«, gluckste Ballack. Wir parkten Trollinger im Putzmittelschrank und ließen uns vom Fahrstuhl in den vierten Stock ziehen, zwischendurch gab es lecker Lambrusco von Mike. Waldi nuckelte gierig. »Vorsicht, Meister«, grinste der Spender, »sonst ist gleich wie-

der mehr drin als vorher!« Hehe, gut gegeben. »Und, alle
Mann angetreten?«, fragte Delle neugierig. »Geht so«, wink-
te Ballack ab. »Mertesacker macht schon Matratzendienst.
Als wir fürs Bier zusammengeschmissen haben, hatte Per als
Einziger den Igel in der Tasche.« Wir schüttelten den Kopf,
das alte Sparbrötchen. Hatte wohl immer noch Angst, dass
sich plötzlich das Bafög-Amt meldet. Sei's drum, im vierten
Stock dröhnte uns bereits brachial die Mucke entgegen, kein
Zweifel, bei Storchs Einstand wurden keine Gefangenen gemacht. Mit einer gepflegten Ein-Hand-Polo enterten wir den
Sündenpfuhl und gleich großes Hallo bei den Kollegen aus
dem Kader. Wir blickten uns um, die Jungs hatten die Keme-
nate schon derbe runtergerockt. Asa grüßte matt mit einem
Doppelkolben Spätlese aus der Badewanne, der Patient war
sicher schon seit fünf Uhr intensiv auf Weinbasis unterwegs.
»Morgen mach ich trotzdem eine Bude.« Asa gegen die Holländer, wir mussten herzlich lachen, die Wette galt. Schnix
und Robbie Hütchen waren auch schon gut im Geschäft
und texteten zwei definitiv genehmigungsfähige Puppen an.
Robbie machte schwer auf Mitleid, ganz so wie im Stadion.
Ohnehin hatte der Gastgeber für eine respektable Hasen-
dichte gesorgt, fast jeder Stammspieler hatte eine schmucke
Perle im Gebet, sogar Arne Friedrich, der sonst immer nur die
Trostpreise abbekam, lag mit drei Rassehasen auf dem Dop-
pelbett. Ließ sich Mike natürlich nicht entgehen. »Aus dem
Weg«, rief der Käpt'n und machte den Diver zu den kichern-
den Girls aufs Paradekissen. Gastgeber Hamann nuckelte

39

derweil am Türpfosten an seinem Kolben. »Storch«, rief Delle grinsend, »die Bude kannst du morgen aber total renovieren.« Hamann zuckte mit den Achseln. »Weiß auch nicht, was hier los ist. Ich hatte die Jungs nur die ersten zehn Minuten im Griff.« Aber definitiv nur die ersten zehn Minuten.

MITLEID FÜR TANTE KÄTHE

Franz wird 60. Das klingt nach großer Party, wird aber doch nur ein Tanztee für Senioren. Dafür gibt Waldi an der Sprüchefront Gas: »Ist dein Vater ein Dieb? Oder wer hat die Diamanten gestohlen und sie in deinen Augen versteckt?«

Der Kollege hatte schon ganz recht. Die Einladung gehörte eigentlich direkt in die Tonne. »Franz wird 60 – die große Party«, hatte draufgestanden. Definitiv der Etikettenschwindel des Jahrhunderts. »Von wegen große Party«, knurrte Delle missmutig und linste in den Außenspiegel. »Wird doch wieder nur der übliche Tanztee für Senioren.« Die komplette Besatzung brummelte Zustimmung, konnten uns schließlich noch gut daran erinnern, wie bei der letzten Party vom Franz um halb elf nur noch die Greise vom DFB zum Schneewalzer abgefetzt haben. Da hatten sich selbst die Sekretärinnen aus der Bayern-Geschäftsstelle irgendwann dünnegemacht, und die blieben ja sonst immer bis zum Schluss. Sei's drum, wir waren jedenfalls spät dran und machten gerade Tempo auf der Prinzregenten, da stieg Delle plötzlich schwer in die Eisen. Vollbremsung, stattlicher Abrieb an den Felgen, ich brachte mühsam meinen Campari unter Kontrolle, aber der stracke Trollinger knallte

mit der Birne vollmett auf die Kopfstütze. »Aua«, brummte
der Kollege und rieb sich verdattert die Stirn. »Sind wir schon
da?« Von wegen. Wir schauten hinaus. Nicht zu fassen, das
war Lothar, natürlich auch auf dem Weg zu Franz. Delle
hatte dicke Kabel am Hals, kurbelte die Seitenscheibe runter.
»Lothar, du Vollhorst. Nimm deinen Eselskarren von der
Piste. Sind doch nicht in Ungarn hier.« Bruahaha, das hatte
gesessen, da waren garantiert wieder mal drei Wochen
schlechte Stimmung beim Nationaltrainer angesagt. Fünf Minuten später schlugen wir prächtig gelaunt auf der Party
auf, und wer sagte es denn, war ja doch nicht alles schlecht
beim Franz: erstaunliche Dichte an akzeptablen Hostessen,
die komplette Belegschaft aus dem DSF-Nachtprogramm war
anwesend. »Jungs, da geht heut was«, rieb sich Waldi aufgeregt die Hände und tänzelte durch das Foyer. Heri ging
derweil noch einmal schnell mit dem Läusekamm durchs
Resthaar. Aber, nix überstürzen, während vorne auf der Bühne die ganzen Kollegen Männchen beim Kaiser machten,
blockten wir erst mal die Theke und fuhren das übliche Auf-
wärmprogramm, waren ja schließlich nicht zum Spaß hier.
Waldi orderte vier Rachenputzer für die Clique. »Leergut?
Sehr gut!« Und runter damit. Zehn Minuten später hatten wir
uns schöngetrunken, wir waren bereit für die ganz große
Liebe. Waldi machte den Anfang und versuchte sein Glück
bei einer Premiumperle vom DSF. Große Eröffnung, alte
Schule: »Baby, hast du nicht Muskelkater?« Sie nur so: »Wieso?« Waldi keck: »Na, weil du mir den ganzen Tag schon im

Kopf herumgehst.« Astreiner Gag, definitiver Killerflirt, aber das Hascherl checkte natürlich gar nichts. »Kann nicht sein, ich war heute den ganzen Tag daheim.« Die Clique bückte sich ab, klarer Knockout für Waldi. Nun war Kriegsrat angesagt, wir steckten die Köpfe zusammen, konnte doch nicht alles gewesen sein. Dann Delle entschlossen hin: »Ist dein Vater ein Dieb?« Sie zickig: »Nein.« Delle ganz lässig: »Wer hat denn dann nur die Diamanten gestohlen und sie in deinen Augen versteckt?« Gute Frage, nächste Frage, die Tante übersäuerte zusehends. Während wir noch beratschlagten, zischte Delle: »Schaut mal rüber, Kollegen.« Tatsächlich, da stand mal wieder der gute Rudi allein an der Theke und kippte Aquavit. Käthe hatte es aber auch nicht leicht. »Kein einziger Treffer mehr, seit er nicht mehr Nationaltrainer ist«, raunte Delle mitleidig. Wir nickten, hatten auch schon von seinem tragischen Schicksal gehört. Letzte Rettung für den Kollegen: sein alter Kumpel, der unglaubliche Horny Mike. Der hatte in letzter Zeit ordentlich Boden gutgemacht. War zwar immer noch Tiefponyträger, dafür rückte der Mann neuerdings ständig mit Tanten aus dem Premiumsegment an. Woher er die hatte? Das letzte Rätsel der Menschheit. Prompt kam Mike mit ein paar Heidschnucken durch die Tür, und wer sagte es denn, zehn Minuten später hatte auch Rudi eine Lady im Talk. »Du hast was bei mir gut, Meister«, rief Rudi. Mike grinste ölig: »Ich nehm dich beim Wort, mein Lieber!« Wir hingegen lachten hämisch. »Na, Mike, wirste jetzt A-Jugend-Coach in Leverkusen?« Der Gute antwortete nicht, er hatte mit den Ladys genug zu tun. An der Zunge, versteht sich. Wir machten den Dieter Diskret und uns dünne. War schließlich schon spät. »Tragt mich zum Auto. Ich fahr euch heim«, kommandierte Trollinger. Das nannten wir mal Service. Troll hatte bei uns auf jeden Fall auch einen gut.

SMS AN DEN TEPPICHHÄNDLER

Neururers Peter will am nächsten Tag in Nürnberg unterschreiben. Die Clique ist entsetzt und überzeugt den Kumpel, besser abzusagen. Es kann ja keiner ahnen, dass der Mann neuerdings am liebsten SMS schreibt.

Klarer Fall, vorher in den Getränkemarkt, das war Voraussetzung für unseren traditionellen Männerabend bei Peter. Der Kollege war nämlich von der Sparmarkt-Fraktion, hatte nie was im Freezer, keine Blechbrötchen, keine Hochprozenter, nicht einmal die obligatorischen Kolben Puffbrause von der goldenen Hochzeit. Also checkten wir auf dem Weg noch schnell beim Flaschenmeister nebenan ein und luden voll. Drei Kisten Spaßwasser aus Flensburg sollten reichen, Trollinger bunkerte außerdem noch schnell zwei Flaschen feinen Fernet im Hosenbund. Eiskalter Trickdiebstahl, bei einem Ruhepuls von 90, da machte ihm keiner was vor, also bekam der Präsident den Doppeldaumen von der Clique. »Eigenbedarf«, grinste der alte Fuchs und machte den ganz schnellen Abgang am Kassenwart vorbei, wir mit großem Hallo hinterher. Checkte der Wachhund natürlich sofort und machte auf Sondereinheit. Aber keine Chance für den Blödmannsgehilfen, mit Extremtacho und ordentlich Schwarzgummi bretterten wir durch die Rabatten vom Parkplatz. Auf der Fahrt zu Peters Doppelhaushälfte präsentierte Waldi stolz die heutige Kollektion aus dem Videoparadies. Fünf 90-Minüter, natürlich nur für Erwachsene, darunter drei brandneue Streifen von Action-Regisseurin Sarah Young. Delle blieb misstrauisch, schnappte sich einen der anderen Filme, studierte das Cover und runzelte die Stirn. »Waldi, was ist das hier denn bitte? ›Nackt und heiß auf Mykonos‹? Das ist doch aus den Achtzigern, Hauptdarsteller Sascha Hehn!« Waldi schuldbewusst: »Klang aber super, außerdem war ich mal im Urlaub auf Mykonos!« Allgemeines Entsetzen, Stimmung Richtung Südpol. »Erzähl's der Straße, Waldemar! Das nächste Mal leihst du dann ›Zärtliche Cousinen‹ aus, und wir sitzen den ganzen Abend mit Anja Schüte herum, oder was?«, raunzte Trollinger. Unser Alterspräsident hatte mächtig den Kaffee auf. 20 Minuten später klingelten wir bei Peter und stürmten die Treppe hoch. Oben stand unser Gastgeber schon diagonal im Rahmen, kein Zweifel, der hatte erkennbar schwer einen im Kessel. Er begrüßte uns herzlich: »Ach, ihr seid's«, und kommandierte dann herrisch: »Schuhe aus!« Die Clique blickte sich indigniert an. Was sollte das denn werden? Rommé-Abend mit Puschenpflicht? »Stell dich nicht so an«, moserte Trollinger, »meine sind total sauber.« Aber Peter machte auf Hausmeister. »Nix da, Freundchen! Die Schlappen bleiben vor der Tür!« Na fein, der Abend roch schwer nach Gala. Immerhin, im Wohnzimmer lief die Glotze, Waldi blockte die Pole am Technikturm, jetzt zählte jede Minute, hehe. »From Sarah with love«, summte unser Technikexperte versonnen und holte die erste Silberscheibe aus dem Etui. Zeit für ganz große Gefühle, geheiratet wird später. Doch plötzlich kam Peter mit Top-News um die Ecke: »Jungs, so leid mir das tut, aber heute fällt die Erotik flach. Wir gucken Bundesliga, ich unterschreibe morgen in Nürnberg.« »Sehr witzig, Peter«, kommentierte Waldi und fummelte unverdrossen am DVD-Player herum. Nun kam unser Startrainer aber richtig in Fahrt: »Ich bin wieder da! Phönix aus der Asche! Dreijahresvertrag, Dienstwagen, Handy, Meisterschaftsprämie, das komplette Programm.« Wir schwiegen entgeistert. »Was willst du denn da, Kollege? Die Mannschaft ist doch absolut schrottreif!«, sagte Troll schließlich in die Stille hinein. »Und dann der nervige Teppichhändler!«, ergänzte Delle. »In einem halben Jahr sitzt du wieder im Bus nach Burghausen«, assistierte ich. »Und außerdem gibt es keinen einzigen ordentlichen Tabledance-Schuppen in der ganzen Stadt. Ich war neulich noch mal da!« Treffer versenkt, Peter war großer Tischtanzfreund. »Kein Tabledance?« Der Mann war tief enttäuscht. »Na, dann muss ich wirklich noch mal überlegen.« Trollinger zückte seine Funkgurke: »Sag dem Teppichfürsten und seinem Landesliga-Manager doch gleich mal ab!« Peter empört: »Jetzt doch nicht, die sitzen alle im Stadion!« Troll zuckte mit den Achseln: »Glaubst du, Lothar hätte bis zum Schlusspfiff gewartet?« Peters Augen flackerten, er griff nach dem Handy und verschwand in der Küche. Nach 30 Sekunden war der Mann wieder da, grinste und sagte: »Ich hab dem Vogel erzählt, der Mannschaft sei nicht mehr zu helfen.« Wir klatschten begeistert Beifall, Peter war eben ein großer Schauspieler. Fast so groß wie die Charakterdarsteller aus »Nackt und heiß auf Mykonos«.

ZUNGENTORPEDOS FÜR GOLEO

Daran hat Günter lang zu knabbern. Nach der WM-Auslosung in Leipzig fährt Heidi nicht mit ihm, sondern mit Beckmann zur After-Show-Party. Na, vielen Dank auch. Und dann haart Goleo auch noch die Schonbezüge voll.

Na also, ging doch. Nachdem Delle ihm einen zeitnahen Satz heiße Ohren angeboten hatte, legte der Plattenmeister endlich ein paar amtliche Tanzbodenfeger auf. Waldi und ich zwinkerten uns zu und schoben Dreierkette auf die Tanzfläche. Schließlich machten dort ein paar kesse Bienen aus dem weiteren Effenberg-Umfeld schwerstens Alarm. »Die sind eigentlich ein Fall für die Sitte«, murmelte Delle anerkennend. Wurde aber auch höchste Zeit, dass die Auslosungsparty endlich auf Zimmertemperatur kam. Schon seit einer Stunde lungerten die Uli-Stein-Krawatten aus der Otto-Fleck am Tresen herum, und außer uns turnten nur noch Jogi und Olli lustlos auf der Tanzfläche. Klarer Fall, die Jungs waren definitiv keine Stammgäste in der Tanzschule gewesen. Vor allem Jogi tanzte, als hätte er weiße Mäuse in der Buxe. Klassischer Kotrainer eben. Himmel, was hatten uns die Jungs vom OK nicht alles versprochen? Betanzbare Weiber satt, hatte es geheißen, außerdem Schampus und freier Zugang zu den weiblichen Mitgliedern der brasilianischen Delegation. Access All Areas, hehe. Also hatten wir uns in Delles Maurerporsche gesetzt und waren mit ordentlich Oktan nach Leipzig geknallt. Der Abend hatte allerdings seeeehr mäßig angefangen: Waldi hatte seine Paulaner-Vorräte nicht mit in den Saal bekommen und Ärger mit der Sicherheit bekommen. Pflichtgemäß hatte der Kollege vom Bayerischen Rundfunk zugelangt, immer mit der Nase auf die Faust. Die Auslosung war ein Vollflop, und Dirty Heidi war nicht mit mir, sondern mit Reinhold zur After-Show gefahren. Mit Reinhold! Warum nicht gleich mit Rudi Michel? Ich hatte stattdessen Goleo in der Karre. Schönen Dank auch, der Patient hatte mir mächtig die Schonbezüge vollgehaart. Nun groovten wir jedenfalls mit den Mädels und verteilten großzügig Zungentorpedos, als plötzlich Bewegung in den Laden kam. Die Vollgasfraktion rund um den massiv verschneiten Hans Kok hatte eingecheckt, nun konnte es endlich losgehen. Hänschen war ohnehin schwer in Ordnung, der Kollege bekam zwar in seinem Zustand noch nicht mal eine Jungfrau halbiert, hatte aber vorher in seinem Zauberkasten jede Menge Muntermacher gebunkert, allerfeinsten Eierlikör von der Kok-Mutti, echt lekker! Nun schlug der Kollege jedenfalls mit Lothar, Kalle, Franz und den anderen Kojoten auf, orderte mit fahriger Geste eine Metaxa-Rundfahrt und führte das große Wort: »Günter, hast du gesehen, wie ich das gemacht habe mit der Auslosung? Ganz leichte Gruppe für Deutschland! Ganz kleine Illusion für Hans!« Er nun wieder! Das konnte Ungarns Nationaltrainer natürlich nicht auf sich sitzen lassen. Lothar blies mächtig die Backen auf: »Klappe, Holländer, wenn einer die Flossen im richtigen Moment an den Kugeln hatte, dann war das definitiv Lothar Matthäus.« Apropos Flossen an den Kugeln, wo war eigentlich Heidi? Keine Spur von der Dame unseres Herzens. Links tuschelten Weinreich und Kistner von der Journaille. Beide mit Sonnenbrille und Lochzeitung, die Jungs recherchierten sicher gerade mal wieder investigativ. Vielleicht hatte Trollinger ja mal wieder vergessen, seinen Deckel zu bezahlen. Wir hätten allerdings auch mal einen Job für die Kollegen, Heidi war nämlich immer noch nicht aufgetaucht. Langsam machte sich die Clique echte Sorgen: nicht, dass Reinhold vor uns gepunktet hatte. Wir zückten unsere Detektivausweise und sicherten die Spuren, bis auf Waldi, der gerade einer Thekenkraft das Ohr warmtextete. Dann gab uns Rummelfliege den entscheidenden Tipp: »Schaut mal auf der Doppelnull nach!« Gesagt, getan! Wir wurden in der Keramikabteilung vorstellig und öffneten routiniert mit einem Zwickel die Türen. Auf Box eins schnupperten gerade die Jungs vom Bezahlfernsehen den Toilettenkasten sauber, auf der zwei hockte Goleo mit hochroter Birne. Da ging gar nichts, wir lachten hämisch. Box drei war ebenfalls besetzt. Delle warf sich auf den Boden und linste parterre hindurch. Eindeutig Beckmanns Slipper mit Borte. Allerdings keine Spur von Heidis Stilettos. Stattdessen hörten wir Bierhoff anerkennend durch die Tür. »Wie du das mit Costa Rica und Ecuador hinbekommen

hast, macht dir keiner nach, mein Lieber.« Reinhold beschei-
den: »Alles eine Sache der Planung. Heidi hat toll mitgear-
beitet. Und vergiss nicht: Es gibt keine leichten Gegner mehr!«
Die beiden lachten hässlich, und Reinhold zog die Spülung.

DER ILLUSIONIST AUF DER HERRENBOX

Aus für die große WM-Gala vom schönen André. Die Clique bückt sich ab, geschieht dem Angeber aus Österreich ganz recht. Dann aber hat Waldi einen Unfall im Olympiastadion. Ein Fall für die Stiftung Warentest.

Na, das war doch mal ein cremiges Wochenende für die Clique. Am Freitag waren wir mit der Posse geschäftlich in Zürich aufgeschlagen und hatten gerade beim Escort durchgebimmelt, als plötzlich Heller mit den Jungs vom Weltverband im Restaurant den großen Tisch blockte. Wir natürlich das lange Ohr gemacht, es ging nämlich um die WM-Gala. Heller kam hektisch vom Ecktisch, kein Zweifel, heute sollten die Nullen auf den Scheck. War das ein Spaß für die Clique, wir grienten vom Nebentisch feist rüber und machten das Hellerchen komplett nervös. Allen voran Waldi, der hatte den Künstler ohnehin gefressen, seit der ihm auf dem Geburtstag von Fedor mit dem uralten »Clowns und Tränen«-Trick eine Perle ausgespannt hatte, an der unser bayerischer Landsmann drei Stunden ohne Punktgewinn herumgeschraubt hatte. »Naha, Pupsi«, rief Waldemar höhnisch rüber, »schmiert dein Turnfest gerade ab?« Turnfest, bruahaha, die Clique bückte sich ab. Treffer versenkt, der große

Illusionist verschwand auf der Herrenbox und schlug ab.Am
nächsten Tag hatten wir dann Berlin auf dem Zettel, versprach ebenfalls 'ne legendäre Nacht. Wir becherten zunächst
mit Onkel Dieter amtlich bei Hanne, am frühen Morgen
bretterten wir dann in der Büchse des Managers mit 200 auf
den Hüften zum Olympiastadion. Schon mal Plätze fürs
Finale sichern, hehe. Aber anstatt entspannt in der Kanzle-
rinnenloge die Puffbrause durch den Halm zu ziehen, hatte
Waldi mal wieder Sonderprojekte. »Alle auf den Rasen«,
kommandierte das Urviech und rannte gleich mal mit zwei
Weizen vorneweg. Das Problem war allerdings: Waldi hatte
derbe gelitert und nun die schnellen Kurvenschuhe an. »Vorsicht, Waldi, die ...«, rief Dieter noch mit schwerer Zunge.
Aber da war es schon zu spät, der Meister hatte mittlerweile
Reiseflughöhe und knallte mit Schmackes in den Flucht-
graben. Gehirn, Waldi, Gehirn! Wir natürlich hinterher, Delle
zaghaft: »Bist du in Ordnung?« Stille, dann brummte es aus
der Tiefe: »Kristall ist kaputt.« Oje, da war eine Schweige-
minute fällig. Danach hievten wir den Mann heraus. »Ver-
dammter Graben«, fluchte Waldi, »da unternehm ich was!«
Wir grienten, und Delle gluckste: »Waldemar, schreib doch
an die Stiftung Warentest!« Wir gaben uns die Fünf. Gerd
nun wieder. Am Montag setzten wir dann schließlich nach
Düsseldorf über, zwar mit verdammt enger Mütze, aber
was half's? Lehrgang der Nationalelf, und wir waren wie immer um 23 Uhr mit Mike und den anderen Kojoten aus
den Zimmern 9 – 11 im Foyer verabredet. Nur der Abgang

aus dem Hilton war mal wieder eine heikle Kiste, schließlich lurchte die Frisur noch spätabends auf dem Flur herum. Wir vermieden also jedes Risiko und checkten in der Goldenen Möwe ein, Cheeseburger für alle! Na, und wer hockte am Ecktisch und hatte eine Runde Sparmenü geordert? Die Mädels aus der 9 und 10! Mike, Shaggy, Schnix und Totte Frings, außerdem war mit Per und Marzell auch hoffnungsvoller Nachwuchs mit dabei. »Jungs, müsstet ihr nicht im Hotel sein?« Ballack winkte ab: »Bierhoff hält gerade einen Vortrag über Teamgeist! Auf freiwilliger Basis! Außer Wörns ist keiner mehr da.« Allgemeine Heiterkeit, war mal wieder typisch für Wörns, den alten Balkonraucher. Nun schaute Zeremonienmeister Schnix aber besorgt auf die Uhr: »Kameraden, es wird langsam Zeit. Die Hotelbar macht gleich auf. Vorglühen!« Eine Mannschaft, ein Wort, in Dreierreihen weggetreten und ab in die Hoteltränke. Dort zogen wir erst einmal an den kleinen Gläsern, dann machte Waldi eine Entdeckung. »Ich glaub's nicht, der Peters«, stöhnte er. Tatsache, dahinten hockte wirklich der Vogel vom Kinderhockey und nippelte am Selters. Waldi kannte den Mann noch von Olympia, war ein notorischer Besserwisser und 'ne echte Nervensäge. »Was macht der denn hier?«, zischte Waldi, Mike zuckte mit den Achseln. »Der hängt hier schon seit Sonntag ab. Guter Kumpel vom Chef.« Mertesacker hatte heute Nacht offenbar auf dem Tarzanheft gepennt, besaß schon rote Bäckchen und gab dem Mann in der Ecke Saures: »Peters, immer dran denken: Fußball ist ohne Strafecken.« Dirty Talk. Die ganze

55

Nati lachte sich eins und gab Fünfe für Mertesacker, auch wir nickten anerkennend. Schau an, Nesthäkchen wird flügge! Peters machte sofort den Adler. »Petzt wahrscheinlich gleich bei Mutti«, unkte Shaggy und hob das Glas, wir stießen an. Auf den Teamgeist!

IT NEVER RAINS IN CALIFORNIA

Horny Mike wird in die Clique aufgenommen und ist schwer gerührt. Derweil bekommt Onkel Jürgen Probleme. Er vergisst nämlich aus nicht mehr nachvollziehbaren Gründen den Trainer-Workshop in Düsseldorf und fliegt derweil schnell mal nach L. A.

Mike bekam langsam unruhige Füße. »Was geht jetzt, Jungs?«, kam der Kollege ums Eck. »Morgen um neun habe ich Training in Leverkusen. Ich kann nicht schon wieder zu spät kommen, letztes Mal hatte Rudi schon die ganz enge Mütze auf.« Hehe, wir mussten grinsen. Horny hatte definitiv keine Ahnung, was heute Abend noch auf ihn wartete. War nämlich ein großer Tag für unseren jungen Freund. Offizielle Aufnahme in die Clique als Senior Member, das hieß, die Probezeit war abgelaufen, er besaß nun volles Stimmrecht. Das hatte sich Mike aber auch verdient, der Mann hatte schließlich über Monate sehr ordentlich am Glas performt, außerdem war er inzwischen auch in der Kategorie Outfit konkurrenzfähig, nachdem Onkel Günter das Zehnerpack Discounterjeans, Modell »Friedhelm Funkel«, in die Klamottentüte gepackt hatte. Und schließlich hatte der Kollege ausgezeichnete Kontakte zu betanzbaren Chicks. Keine Trostpreise, sondern erstklassige Starlets.

Wo Mike die Damen herbekam, war sein Geheimnis. Aus
Leverkusen schon mal nicht. Aber zurück zum Thema, heute
Abend wurden jedenfalls keine Gefangenen gemacht. Da
traf es sich gut, dass Waldi nicht mit von der Partie war, der
hing ja schon seit Wochen mit seinem neuen besten Freund
in Turin ab und machte auf frisch promoviert. Hatte kürz-
lich, als ihm Delle in der ARD-Konferenz die neue »Supermöpse« über den Tisch geschoben hatte, sogar gefragt: »Sagen Sie, Herr Delling, was ist das für ein Blatt?« Nicht zu
fassen, ausgerechnet Waldi, der Mann mit der zweistelligen
Abo-Nummer, der Postersammler. Anyway, nun ging das
Abendprogramm los. Die Clique erhob sich, und Troll über-
reichte dem baffen Horny seinen Mitgliedsausweis und
ein Video mit den besten Szenen von Sarah Young. Unser
Youngster kämpfte mit den Tränen. »Weiß gar nicht, was ich
sagen soll«, schniefte er. »Damit habe ich nicht gerechnet!«
Das Video besaß Mike allerdings schon. Eine Stunde später hatte sich Bambi dann wieder gefasst, und wir konnten
mit dem alkoholischen Abendprogramm beginnen. Troll
mixte am Freezer Hochprozenter für die ganze Truppe. Stößchen und ab dafür! Auf die Nationalelf! Wir schüttelten
uns, diese Drinks waren definitiv rezeptpflichtig! Kein Wunder also, dass wir schon bald Reiseflughöhe erreicht hatten.
Es war höchste Zeit für die Abteilung Humor! »Telefon her«,
kommandierte Trollinger und zog den Apparat von der
Theke. »Sag mal einer die Nummer vom Jürgen!« Delle diktierte, Troll wählte und hatte den Mann gleich am Apparat.

»Jürgen, ich bin's, dein Präsident. Nein, nicht der Theo, der Gerhard! Wollte nur kurz mitteilen, dass der Trainer-Workshop in Düsseldorf ausfällt. Ja, kannst ruhig nach Kalifornien fliegen! Oder sonst wohin! Nein, von mir erfährt Debbie kein Wort! Versprochen! Und servus!« Hörer aufgelegt und alle abgelacht für zehn. Delle gluckste: »Das gibt richtig gute Presse für den Jürgen!« Zweite Runde, nun griff Mike zum Hörer und wählte. Eine Dortmunder Nummer, was hatte der Mann vor? »Mist«, zischte Horny, »nur der Anrufbeantworter!« Aber dann gab er trotzdem alles am Phone: »Hallo, Christian, hier spricht der Bundestrainer. Gut, dass nur der Anrufbeantworter dran ist. Ich wollte dir nämlich mitteilen: Du bist bei der WM nicht dabei. Warum? Nur so!« Und ab mit dem Hörer auf die Gabel. Bruahaha, wir bogen uns, und Mike blickte triumphierend in die Runde. »Jede Wette, das Mädchen läuft Amok«, prophezeite Delle kichernd. Wir lehnten uns in den Sofas zurück. Noch was vergessen? Natürlich, unsere Tagesplanung für Italien. Trollinger kramte umständlich die Lesebrille aus dem Etui und ging die Liste durch: »Für die Komakolonne am Vorabend haben bislang folgende Teilnehmer zugesagt: Shaggy, Schnix, Mike Ballack natürlich, der komplette Nachwuchs und beide Torhüter! Für die Grappa-Tour nach dem Spiel hat sich außerdem noch Mertesacker eingetragen!« Delle stutzte: »Was ist mit Lahm und den anderen Kojoten aus der 7?« Trollinger winkte genervt ab. »Alles Luftpumpen! Lahm erzählt ständig einen vom Pferd, von wegen Kampf um den Stammplatz und schädlicher Alkohol und so!« Empörung bei der Clique. Delle mopste sich: »Der Lahm! Soll mal besser aufpassen, dass er seinen Stammplatz bei uns nicht verliert!« Mike assistierte eilfertig: »Genau!« Wir mussten grinsen: Der Mann hatte seinen Stammplatz definitiv sicher.

WIRKUNGSTREFFER VON WALDI

Der Titan ist deprimiert. Wird unsicher, macht Fehler. Da ist es Ehrensache für die Clique, den Burschen ein bisschen aufzumöbeln. Ihr Motto: »Das Einzige, was du in deinem Leben aufgeben sollst, ist ein Brief!«

Waldi wurde langsam ungeduldig. »Troll, nun komm endlich mit der Nummer rüber!«, moserte unser Urviech und wedelte unwirsch mit der Handfunke. Dass der Präsident aber auch nie Ordnung im Herrentäschchen halten konnte. Dabei wurde es höchste Zeit, endlich bei Kahnemann durchzubimmeln. »Bringt den Olli mal auf andere Gedanken. Der geht mir wegen der Nationalelf schon seit Tagen schwer auf die Glocken«, hatte Rummenigge am Telefon gestöhnt und der ganzen Clique ein cremiges Wochenende in München spendiert, erst schön drei Eimer Gerste, am Samstag dann Bayern gegen Köln im Stadion und abends noch mit Kalle und den anderen Kojoten aus der Säbener auf eine Privatparty bei Müwo, wie immer mit jeder Menge Massagen, natürlich rein medizinisch, hehe. Ein Spitzenprogramm also, und so saßen wir nun schon seit drei Stunden im Bayerischen Hof und brachten uns langsam auf Betriebstemperatur für den Abend. Der konnte nämlich ein verdammt zäher werden, sollte Olli tatsächlich wegen der T-Frage den Zittrigen bekommen haben. Nun denn, Troll hatte endlich die Nummer gefunden, aber Satz mit X, Waldi bekam natürlich nur den Schminkteufel an die Strippe. Sehr undankbarer Job für unseren Frauenbeauftragten, Verena war zwar optikmäßig large, aber inhaltlich natürlich komplett Sahara. Waldi machte es kurz: »Gell, Verena, rufst mir bitte mal geschwind den Olli.« Die Perle stöckelte ab, kurze Zeit später meldete sich Kahnemann mit einem tiefen Grunzen, schaltete dann aber schnell: »Ach, ihr seid es! Ich dachte, der Bundestrainer wäre dran. Bei dem melde ich mich jetzt immer so ... Psychologische Gründe, ihr versteht!« Olli, der Pfiffikus. Wir dateten uns in der Prinzregenten, wo sich die komplette Bayern-Truppe vor Heimspielen abschoss. »Außer Schweini«, gluckste Waldi, »der hockt sicher mit Breitner junior im Wettbüro und füllt Scheine aus!« Und wer sagte es denn, im P1 war die ganze Posse schon in Dreierreihen angetreten und gut am Glas unterwegs. Selbst Felix saugte fleißig am Tequila, der Mann nahm ja sonst immer konsequent die Ausfahrt Clausthal. Wir gaben der Stammelf die hohe Fünf und fragten dann neugierig in die Runde: »Mädels, müsst ihr nicht langsam in die Heia, spielt schließlich morgen gegen Köln!« Bruahahaha, brüllendes Gelächter antwortete uns, Magath kriegte sich gar nicht mehr ein, japste mehrfach nach Luft. Dann grinste er: »Kleiner Tipp, schaut mal auf die Tabelle!« Dumme Frage, wirklich. Ich blickte mich um, Kahnemann saß allein an der Theke und nippte lustlos an einer

Flöte Puffbrause. Herrje, da war definitiv Diplompsychologe Dr. Dr. Einfühlsam gefragt. »Jungs, es wartet Arbeit auf uns«, winkte ich die Clique zusammen, Troll war entschuldigt, der orderte gerade eine Magnumflasche Möt auf Kalles Deckel. Delle, Waldmeister und ich kesselten Olli ein und machten auf Jürgen Höller. Delle: »Wo du bist, ist vorne!« Onkel Günter: »Immer einmal mehr aufstehen, als du hingefallen bist.« Dann Waldi: »Das Einzige, was du in deinem Leben aufgeben sollst, ist ein Brief!« Delle und ich rollten die Augen, so was war doch viel zu hoch für unseren Klienten. Der checkte natürlich überhaupt nichts und fragte: »Was für einen Brief meinst du?« Ich klopfte Olli begütigend auf die Schulter: »Vergiss den Brief, wichtig ist, dass du dem Lehmann zeigst, wo der Dackel die Beine kreuzt.« – »Genau«, kam unser Mann nun aus der Ecke, sprang auf und lachte hysterisch. Dann riss er sich das Hemd vom Leib: »Hergucken, Kollegen, Olli hat Bauchmuskeltraining gemacht. Hart wie Stahlbeton!« Wir linsten rüber, sah auf jeden Fall besser aus als bei Delle, der ging ja eher in Richtung Hängeschrank. »Na los, ihr Klappspaten«, lockte Kahnemann jetzt. »Zeigt mal, was ihr draufhabt.« Nun übertrieb der gute Mann aber. Waldi allerdings ließ sich nicht lange bitten, krempelte den Ärmel hoch und gab der Nummer eins einen feisten Hieb auf die dritte Rippe. Olli zuckte nur kurz und grölte dann: »Weiter, immer weiter!« Gesagt, getan, Waldi setzte einen zweiten Wirkungstreffer auf die Rippe. Olli wurde blass um die Nase, drehte sich um und wankte wortlos aus der Tür. Waldi rieb sich entschuldigend den Handrücken. »War mal Preisboxer auf der Kirmes.« Wir winkten ab, bis morgen würde Olli die Rippen schon wieder gerichtet bekommen. Außerdem, es ging ja nur gegen Köln.

ANGRIFF DER SCHNABELTASSEN

Alle erst mal hinsetzen, den Schock verdauen. Jens Nowotny (107) rückt wieder bei der Adlertruppe ein. Doch vor dem ersten Training unter Jürgen muss er noch den Fitnesstest der Clique überstehen.

Donnerwetter, Skibbe hatte definitiv 230 Puls. »Jungs, ihr glaubt es nicht«, japste unser Ordensbruder durch die Funke. »Jürgen setzt wieder ganz auf Erfahrung.« Wir verstanden kein Wort, Mike hatte wahrscheinlich noch von gestern ordentlich Oktan im Kanister, die Kandidaten hatten sich bei Holzhäuser getroffen, erst die Aussagen für den Prozess gegen den Dicken, dann bis zur Sperrstunde Luft in die Flaschen gelassen. Mike kriegte sich unterdessen immer noch nicht ein, kicherte wie eine Busladung japanischer Schulmädchen, der Mann hatte wohl die Nacht in der Witzekiste gepennt. Delle wurde es schließlich zu bunt, und er griff ungeduldig zur Fernbedienung. Videotext, tatsächlich, da stand es: »Klinsmann holt Nowotny.« Nicht zu fassen. Jens, die alte Schnabeltasse, eben noch Bewohner des Monats im Seniorenheim, plötzlich wieder bei der Adlertruppe, musste morgen einrücken zum Fitnesstest. Ehrensache für die Clique, da war ein spontaner Hausbesuch bei unserem neuen Leistungsträger fällig. Wir telefonierten schnell eine schlagkräftige Truppe zusammen, 15 verlässliche Thekenkräfte, sogar die Wackelkandidaten Reinhold und Heri hatten überraschend Ausgang bekommen. Wenig später war die Clique startklar, wir warfen uns in Delles Benziner und fuhren brav Kolonne mit Beckmanns Familienkutsche und dem Polo von Heri. Zwischendurch Boxenstopp an der Tanke, unauffällig dirigierten wir zehn Kästen Vollbier aus der Verkaufszelle, natürlich ohne Quittung, hehe. Onkel Günter stand Schmiere, während Waldi und Delle die Batterie ächzend in den Kofferraum wuchteten. »Was soll das denn, ihr Vollspaten«, maulte es plötzlich aus der Tiefe. Herrje, da lag unser vollstrammer Alterspräsident im Notradkasten, der Mann war sicher noch ein paar Stunden auf dem Holodeck unterwegs. Trollinger war nämlich erst heute Morgen von der »Kleiner Feigling«-Tour mit den Mädels vom OK zurückgekehrt, die Kollegen waren definitiv die Aufsteiger des letzten Monats. Früher als komplette Mannschaft immer an der Sprudeltheke unterwegs, hatte die Kolonne um Routinier Wolle Niersbach in den letzten Wochen endlich mal ansprechende Leistung am Glas gezeigt. Eine halbe Stunde später zog Delle das Lenkrad plötzlich hektisch auf neun Uhr, in Sichtweite das Anwesen der Nowotnys. Respekt, wir pfiffen durch die Zähne, eine geschmeidige Seniorenresidenz hatte sich Jensemann da hingestellt. Der Scheck von Calli war gut angelegt. Mit großem Hallo versammelte sich die Posse nun auch schon vor der Haustür, Waldi klingelte, und alle Mann im Chor: »Jens für Deutschland.« Plötzlich ging

die Tür auf, der Hausherr in Filzpuschen und Pyjama, völlig
entgeistert: »Was soll das denn? Schaut mal auf die Uhr,
ihr Spinner.« Kurzer Blick aufs Zeiteisen, tatsächlich schon
nach 23 Uhr. Ja, Kinder, wie die Zeit vergeht! Aber nun waren wir schon mal hier, also Spontan-Polo der Truppe ins
Wohnzimmer. »Ich hab aber gar nichts da«, maulte Nowotny und schlurfte hinterher. 30 Minuten später war unser
Jungnationalspieler immer noch nicht aufgetaut: »Jungs,
ich wäre euch dankbar, wenn ihr euch jetzt mal wieder vom
Acker machen könntet, ich habe morgen Fitnesstest.« Wir
dachten natürlich nicht daran, waren ja schließlich gerade
erst angekommen, und machten es uns im Salon ein bisschen gemütlich. Waldi und Heri literten auf dem Kanapee,
Delle zog großzügig die Korken aus der Weinsammlung,
und endlich zog auch Jenso mit. Reinhold kam unterdessen
mit glänzenden Augen vom Flur wieder, knallte die Hacken
zusammen, salutierte zackig und schnarrte: »Melde gehor-
samst, Herr Oberleutnant, größeres Portweinlager im Keller
lokalisiert.« Ich befahl spontan: »Zugriff!« Gerade hatte
sich ein kleiner Spürtrupp unter Waldis Leitung in Richtung
Keller aufgemacht, war plötzlich Lärm an der Haustür zu
hören. Schon stand die Hausherrin mitten im Wohnzimmer.
»Was ist hier denn los?«, fragte die Perle mit schneidender
Stimme. »Und warum bist du noch nicht im Bett? Morgen ist
Fitnesstest!« Nowotny fahrig: »Aber Engelchen ...« Extrem
rauchige Stimmung, Zeit zur Heimfahrt! Die Kompanie ver-
dünnisierte sich unauffällig. Kichernd liefen wir zu den Au-

tos. »Da läuft heute aber kein Kuschelrock mehr«, gluckste Waldi. Wir bretterten vom Gelände, Schluss für heute. Aber morgen, beim Fitnesstest, würden wir natürlich dabei sein! Jens für Deutschland!

NAHKAMPF IM GRUNEWALD

Während der WM werden die Nationalspieler abgeschirmt wie der Papst persönlich. Kein Durchkommen, nirgends. Außer für Waldi, Delle und Onkel Günter. Schließlich hat die Clique exzellente Verbindungen in die Mannschaft.

Die Jungs konnten einem leid tun. Seit Montag hockte die komplette Truppe nun schon im Grunewald, streng abgeschirmt natürlich. Stenger, der Routinier, hatte drei Sicherheitsringe um das Hotel gezogen, da gäbe es kaum ein Durchkommen – wenn sich der gute alte Trollinger nicht bei Theo den Zugangscode verschafft hätte. Zwanziger hatte natürlich erst herumgezickt wie Mutti im Sexshop, aber dann war er doch noch mit dem Passwort rübergekommen. Und wir hatten es uns natürlich nicht nehmen lassen, höchstpersönlich bei den Jungs vorbeizuschauen, mit ordentlich Marschgepäck, versteht sich. Wir wurden von der Posse schon sehnsüchtig erwartet, die Frisur hatte nämlich vorsorglich die Zimmertheken grundreinigen lassen. Da trudelten natürlich sofort die Bestellungen aus dem Quartier ein, der Kapitän, Kahnemann und die anderen orderten gleich palettenweise. Mike per Textnachricht: »SOS. Wir verdursten!« Ehrensache, dass wir da aushalfen. Wurde allerdings immer schwieriger. Löw hatte nämlich gestern bei Schweini im Nachtkasten die Batterie JuniorFeiglinge entdeckt, die wir am Dienstag hinter die Linien geschmuggelt hatten. Jogi hatte gleich bei Papa Jürgen gepetzt, anschließend extrem rauchige Stimmung auf der Etage und schärfste Bewachung der ganzen Truppe. Wir wollten trotzdem noch mal vorbeischauen, morgen ging es schließlich nach München, Costa Rica wegputzen. Also schlugen Delle und ich zusammen mit Waldi und Trollinger Punkt 23 Uhr vor der Hotelpforte auf und bimmelten den Nachtportier aus den Federn. »Parole?«, knarzte es durch die Gegensprechanlage. Das war Stenger, unverkennbar. Delle beugte sich zur Sprechmuschel und flüsterte: »Walter Straten.« Wir mussten grinsen, Jürgen hatte Humor. Vorsichtig pirschten wir uns durch das Freigelände. Plötzlich zischte Delle hektisch vom Ecktisch: »Runter auf den Boden.« Troll und ich gingen gleich vorschriftsmäßig in Gefechtsstellung, hatten eben beide gedient. Waldi hingegen war mal wieder als Showorchester Ungelenk unterwegs und knallte mitten in die Rabatten. Wir lugten vorsichtig zum Hotel. Tatsächlich, am Turmfenster stand Vollspaten Löw und linste mit Feldstecher rüber. Großes Autorenkino mal wieder. Troll übernahm die Führung unserer kleinen Expedition. »Hier entlang. Toter Winkel für Jogi!« Wir nickten anerkennend, obwohl schon seit einer Woche nördlich der drei Promille unterwegs, war unser Ältester definitiv in WM-Form. Schon drängelte sich die ganze Truppe an der Hotelwand und folgte Troll. Wir hatten das

Gehöft schon beinahe komplett umrundet, da klopfte Troll endlich an eine Butzenscheibe in Hüfthöhe. Nach einer Minute öffnete sich das Fenster, eine misstrauische Stimme fragte: »Wer da?« Statt einer Antwort reichte Troll zwei Flaschen Averna in die Luke. Der Rest war Jubel. »Es sind die Jungs!« Wir kletterten durch das Fenster in den Schankraum, Schweini und Miro lehnten lässig am Zapfer, der Rest der Nati stand Spalier und klatschte sich die Hände wund. »Günter, Günter!« Und: »Waldi, Waldi!« Schon nestelten die ersten Auswahlspieler gierig an unseren Rucksäcken. »Her mit den Kolben«, rief Schnix hysterisch, und selbst der kleine Odo schnappte sich zwei Wachmacher aus Onkel Günters Schatztruhe. Respekt, den Jungen hatten sie aber gut erzogen, vor zwei Wochen saugte unser Nesthäkchen noch brav Spezi durch den Strohhalm. Und wir hatten ja noch eine kleine Überraschung für die Truppe, ein 50-Liter-Fässchen feinstes Urpils. Die Truppe war nun heiß wie Frittenfett. Kahnemann drängelte sich vor und schnappte sich das Fass, war aber schon mächtig angeleuchtet und ließ das gute Stück fallen, mit Schmackes unserm Käpt'n in die Hacken. Ballack natürlich sofort am Hinken, Wadentreffer versenkt. Stocksauer humpelte er in seine Kajüte. »Da wird jetzt erst mal wieder Daumen gelutscht«, mutmaßte Schnix. War allerdings auch so eine typische Olli-Aktion: 3000 Watt in den Armen, Birne leuchtet trotzdem nicht. Aber eh wurscht, das Fass war fällig. Schneider ließ sich nicht bitten und zapfte das Wertstück mit geübten Griffen an. Kahnemann schob gleich gierig sein

Glas unter den Hahn und krakeelte stolz: »Erster.« Der gute Mann hatte sich immer noch nicht umgewöhnt. Wir drängelten Olli beiseite und machten Prost mit allen. Auf Jürgen! Auf Walter Straten! Auf uns! Die WM konnte losgehen.

SAMBA SÍ, ARBEIT NO!

Vier Wochen lang werden unsere Adler mit Xavier Naidoo gefoltert. Da muss die Eingreiftruppe ran und die Burschen ein bisschen aufmöbeln – mit einer Batterie gut gekühlten Qualitätsbieres.

Heute war die WM exakt zweieinhalb Wochen alt, unsere Besuche im Grunewald waren längst tägliche Routine. Auch die Frisur schaute absichtlich weg, wenn unser Geschwader mit Picknickkorb und Spirituosen durch den Schlossgarten robbte. Morgen stand das Viertelfinale gegen Argentinien an, heute Abend würde also noch mal im kleinsten Kreis derbe gelitert. Motto: Samba sí, Arbeit no! Natürlich waren nur ausgewählte Leistungsträger am Glas, Manager Bierhoff, der Kapitän, Schnix, dann das Mädchen, Luke, Storch und natürlich die beiden Keeper. Jens und Kahnemann waren ohnehin seit zwei Wochen die allerbesten Kumpels. Kicher, knuff – schwer erträglich, unsere beiden Kuschelrocker. Definitiv nicht dabei war Rotkäppchen Odonkor. Der hatte vor dem Schwedenkick mächtig herumgenervt, von wegen früh ins Bett und schweres Spiel. Irgendwann hatte ihn Schnix im Schwitzkasten ins Zimmer verfrachtet, auf KIKA kamen sicher noch ein paar nette Cartoons. Währenddessen machte Sönke einen auf Hollywood und turnte mit der Handkamera in der Hotelbar herum. »Bleibt ganz natürlich«, rief der Regisseur hektisch, »tut einfach so, als wäre ich nicht da!« Die Jungs stöhnten auf. »So geht das schon seit Tagen«, zischte Mike zwischen den Zähnen. »Neulich sollte Robbie Huth lässig über den Hotelflur latschen. Nach drei Stunden war die Szene immer noch nicht im Kasten.« Wir mussten grinsen, hatten schließlich Insiderwissen. Sönke war nämlich auf großer Felix-Krull-Tournee. Der Mann hatte sich mit seiner Hollywoodnummer einen Premiumplatz auf der Bank gesichert, allerbeste Sicht aufs Spielfeld. Dabei drehte er seit Monaten mit leerer Kamera. Wir hatten minutenlang abgelacht, als Sönke uns die Nummer im Suff gestanden hatte. Vor allem weil Klinsi vor der Linse richtig Gas gegeben hatte. Sönke schwer am Filmen und Onkel Jürgen nachdenklich im Morgenlicht am Fenster. Sei's drum, auf jeden Fall ließ er gerade mal wieder in der Hausbar die Kamera kreisen, bis es dem Storch zu dumm wurde. Kurz den Außenrist stehen lassen, schon knallte Wortmann mit Schmackes aufs Parkett. Die Meute bückte sich schwerstens ab, und Mertesacker kommentierte süffisant: »Klappe, die vierte, mein Lieber!« Kaum hatte sich Sönke verzogen, schob Mike den Zapfhahn auf neun Uhr. Denn: Ohne ordentlich Oktan im Blut waren die Gauchos morgen nicht zu schlagen, so viel war klar. Während der Kapitän einen Siebenminüter nach dem anderen auf die Theke bugsierte, klärten wir die Logistik für morgen. »Braucht ihr noch was?«, fragte Waldi gewissenhaft und zog den Bleistift vom Ohr. Jens diktierte dem Urviech die Bestellungen in den Block: sechs Metaxa, vier Fernet, vier Kästen Normalbenzin und natürlich einmal Jever Fun für Odonkor. Anschließend ging unser Keeper die Bestellung noch einmal durch, als plötzlich Schritte auf dem Flur zu hören waren. Schnix erbleichte: »Der Teamchef.« Von jetzt auf gleich zerstreute sich die Truppe, Lehmann stopfte sich fix den Zettel in die Socken, Waldi, Delle und ich stürmten schnell wie der Blitz auf die Doppelnull, Bierhoff und Frings gleich hinterher, der Manager und das Mädchen hatten nämlich ebenfalls schon derbe gelötet. Gleichzeitig schoben die Jungs hektisch die Spirituosen unter die Theke, sollte Onkel Jürgen doch denken, hier sei mal wieder der Apfelschorle-Klub auf Betriebsausflug. Wir lauschten angestrengt an der WC-Tür. Draußen fuhr Klinsi offenkundig die alte Teamgeist-Tour und ließ die Jungs einen Kreis bilden. Köstliche Nummer, liefen schon sämtlich auf Reservetank, aber alle schön im Kreis! Der Teamchef mal wieder! Dann war Stille, wir krochen näher an die Tür heran, als sich plötzlich Bierhoff und Frings angestrengt die Ohren zuhielten. »Arghh«, stöhnte der Manager. »Er spielt wieder das schreckliche Lied.« Und tatsächlich, Jürgen hatte den Kassettenrekorder mitgebracht und den Regler bis zur Oberkante aufgedreht. »Dieser Weg wird kein leichter sein!« Delle und ich mussten lachen und blickten zu Bierhoff und Frings. Die beiden hockten vollstramm in der Duschkabine. Es würde tatsächlich kein leichter Weg für das dynamische Duo, morgen gegen Argentinien. Vor allem der Torsten war doch immer so reizbar …

SOLO FÜR KLARINETTE

Melancholie in der Clique. Der Kapitän geht von Bord. Keine Partys mehr am Starnberger See. Und sogar bei der Abschiedssause ist die Stimmung mies. Denn der neue Bundestrainer wird bekanntgegeben.

Waldi und Delle hatten schwer gestöhnt. »Nicht schon wieder die Nati.« Und hatten völlig recht, ich sah die Adlertruppe nach vier Wochen WM auch am liebsten von ganz hinten, einfach zu viele Fanta-Trinker im Kader. Reizwort Odonkor! Aber half ja nun alles nix, diese Party war absoluter Pflichttermin für die Clique: Der Kapitän feierte Abschied bei sich daheim am Teich. Nächste Woche schiffte sich Mike mit Familie auf die Insel ein, gezwungenermaßen. Seit Onkel Becker den Deal mit dem Russen klargemacht hatte, hatte der gute Mann richtig die Buxe voll. Mike war nämlich nicht gerade Diplom-Übersetzer. Englisch- Förderunterricht! Auf jeden Fall hatte er eine exquisite Highclass-Gästeliste zusammengestellt, gediegene fünf Sektkelche in der »Bunten«, keine Blagen und Läufer, ausschließlich erste Reihe. Natürlich die komplette Münchner Komakolonne um Kalle und Udo, der Freundeskreis »Weinschorle 1987« mit Schriftführer Wonti, die Kristallweizen-Crew um Töpperwien und verdiente Thekenkräfte vom Ligaverband. Sogar die Althauer vom WDR um Werner und Heribert hatten sich angesagt, außerdem natürlich jede Menge gepflegte Bolerobunnys aus dem P1. Es wurden also keine Gefangenen gemacht – Ehrensache, dass die Clique gleich mal vier Sitze Business gebucht hatte, wenn auch nicht in Originalbesetzung. Troll hatte wie so oft in letzter Zeit gekniffen, ganz dringende Geschäfte in der Schneise. Jaha, von wegen, wahrscheinlich musste er endlich mal wieder die Pfandflaschen zum Supermarkt bringen. Dafür hatten wir aber Horny Mike an Bord. Unser Nachwuchsmann aus der Tablettenmetropole brannte auf seinen Einsatz, tänzelte auf der Stelle, war heiß wie Frittenfett. »Gestatten, Ed von Schleck!«, grinste der Azubi und warf sich neben mich in den Business-Seater. Allerdings wieder mal Minuspunkte für das indiskutable Erscheinungsbild: Schuhe mit Außenborte, Jeans von Werner Metzen, die Haare mit dem Suppentopf geschnitten, streng genommen hätte er auch in Leverkusen bleiben können. Mit dem Rotkreuz-Outfit war bei den verwöhnten Münchner Gören jedenfalls kein Trostpreis zu gewinnen. Als wir gegen neune in die Hofeinfahrt einbogen, hatten wir schon mächtig Langeweile im Hals. Wir sprangen aus der Kiste und formierten uns routiniert zur Party-Polo, aber merkwürdig, keine Spur von der Promille-Posse weit und breit. Nur Kahnemann lehnte verdrossen in der Küche am Kühlschrank. »Tach, Nummer zwo«, grüßte Waldi herzlich, »wo sind denn die anderen?« Kahn zeigte lustlos zur Tür. »Sitzen alle im Fernsehzimmer. Neuer

Bundestrainer wird gleich bekanntgegeben.« – »Und wo ist Verena?«, erkundigte sich Delle neugierig. »Beim Griechen«, knurrte Olli. Keine weiteren Fragen, hehe. Im Fernsehzimmer drängelte sich in der Tat die ganze Meute. Wir schoben uns durch die Tür und linsten in Richtung Flachbildglotze. Unterdessen hatte Schnix schon eine Wette organisiert: »Wer tippt noch auf Doll?« Storch, das Mädchen und der Stammkeeper setzten einen großen Blauen. Luke und Schweini hielten dagegen, zweimal Blau auf Kloppo. Nur Rummelfliege rief dazwischen: »100 auf Jogi!« Großes Gelächter, Kalle mal wieder! Dann rief Ballack plötzlich: »Ruhe! Es geht los!« Wir starrten auf den Schirm, Live-Übertragung aus der Schneise, der neue Bundestrainer war … die Frisur! Absolute Stille im Zimmer. »Oh, mein Gott!«, murmelte das Mädchen. »Kneif mich«, stammelte Schnix entgeistert. »Nicht zu fassen, der Hütchenaufsteller wird Chef!« stöhnte Mike. Die Stimmung war natürlich auf Normalnull. Ausgerechnet die Frisur, Spaßkiller Nummer eins, die Schlafmütze aus Zimmer 4. Storch starrte ins Leere, Miro lachte hysterisch, nur der kleine David mopste sich: »Also, ich bin mit dem Joachim eigentlich immer sehr gut klargekom…« Weiter kam er nicht. »Klappe, Bambi«, knurrte der Kapitän, »sonst frühstückst du morgen wieder in der Kita.« Die Party erholte sich nur langsam. Der Schock saß allen mächtig in den Gliedern, erst um ein Uhr nachts machten Kalle und Udo den Anfang auf der Tanzfläche, dann schob sich auch Horny Mike aufs Parkett. Nicht zu fassen, der Kollege hatte einen Rassehasen im Schlepp-

tau, während Delle und ich immer noch solo für Klarinette
unterwegs waren. Wir blickten uns an und dachten wohl das
Gleiche: Morgen gehen wir zum Frisör!

ZICKENZOFF IN KITZBÜHEL

Ärger für Franz und seine Gattin: Heidi wird im Nobelskiort von der missgünstigen Ex des Kaisers gemobbt. Und was macht die Clique? Organisiert eine Solidaritätsfeier! Eine gute Hundertschaft macht sich auf zu Beckenbauers Skihütte.

Keine Frage, der Kaiser war nicht gut drauf gewesen, in den letzten Tagen. Ganz rätselhafte Kiste: Während der WM war er noch abgegangen wie Peter Lustig auf kolumbianischem Koks, nun hing der gute Mann schon seit einer Woche wie ein nasses Handtuch in der Sofaecke bei Paulchen Breitner daheim. Der war inzwischen auch schon leicht angenervt. »Am dritten Tag stinken der Fisch und der Gast«, zischte Paule, als wir uns in der Küche begegneten. »Weiß ja auch nicht, was mit ihm los ist!«, gab ich ratlos zurück. Letzter Ausweg: Paule holte einen selbstgebrannten Kellergeist aus dem Wandschrank und schenkte kräftig ein. Hui, das Zeug war definitiv konkurrenzfähig, zog einem ordentlich die Fäden aus der Wunde. Und endlich rückte der Kaiser mit den harten Fakten raus. Tja, und das waren tatsächlich mal RTL2-Action-News: Franz hatte mächtig Ärger zuhause. Heidi wurde gemobbt! In Kitzbühel! Von Franzens Ex-Perle Sybille! Dicker Zickenzoff mit allen Zutaten! Na, wir hatten uns so was schon gedacht. Neulich, bei Zwanzigers Einstiegsparty in der Schneise, hatten sich die beiden Bräute nämlich am Buffet eine offene Feldschlacht geliefert. »Schade um den Nudelsalat!«, erinnerte sich Delle schmunzelnd. Franz stöhnte und erhob sich unsicher. »Dann will ich mal wieder zurück nach Kitzbühel, die Heidi trösten.« Paule, ganz der alte Kumpel: »Soll ich dich fahren?« Der Kaiser winkte ab. »Na, bin mit dem Hubschrauber da!« Und weg war er. Wir saßen noch länger zusammen: Klarer Fall, jetzt war der Freundeskreis gefragt, der Heidi war übel mitgespielt worden, eine Soliparty bei Franz auf der Hütte war da überfällig. »Ruf Waldi an! Der soll das organisieren«, kommandierte Paul. Delle klingelte sofort durch. »Privatbrauerei Hartmann«, meldete sich unser Urviech, ewig der gleiche Gag. Delle schilderte unser Vorhaben, Waldi war gleich Feuer und Flamme und versprach: »Für Heidi tu ich alles!« Und in der Tat traf sich am nächsten Samstag am Fuße des Hahnenkammes eine illustre Expeditionsgesellschaft zum Aufstieg zu Franzens Almhütte. Wer da nicht alles dabei war: die Schlüpferstürmer aus München um Käfer Junior, die Zwangspensionisten vom OK, eine Abordnung aus Hamburg mit Extremleber Uwe an der Spitze, dann die komplette Clique und schließlich die verrückten Hühner aus dem Pascha. Da war heute Abend wieder Nacktrodeln angesagt, hehe. Insgesamt eine gute Hundertschaft, allesamt prächtig gelaunt, schließlich hatte die Meute bereits den ganzen Vormittag bei Paule vorgeglüht. Parole Lattek! Nun

81

konnte es also losgehen. Unter donnernden »Heidi, Heidi«-
Rufen ging es den Berg hinauf. Ordentliches Marschtempo,
selbst Müwo machte in seinen Bundschuhen ordentlich
Meter. Nur Trollinger bereitete uns Sorgen. Nach einer halben Stunde hatte unser Alterspräsident bereits eine komplette Batterie Erfrischungstücher aufgebraucht, nun ächzte
er schwer und machte auf Gipfeldrama: »Lasst mich zurück, Jungs, die Mission ist zu wichtig!« I wo, Waldi wusste
einen Ausweg und drückte dem guten Mann die Breitner-
sche Frischebox zwischen die Kiemen. Und tatsächlich: Paules
Wässerchen wirkte Wunder. »Weiter geht's«, kommandierte
Troll plötzlich mit fester Stimme und marschierte eifrig voran.
Nach drei Stunden Fußmarsch ging die Gesellschaft allerdings langsam auf dem Zahnfleisch, nur Delle, die alte Hun-
delunge, war immer noch erstaunlich fit. »Kann sich nur
noch um Stunden handeln«, witzelte er, typisch Gerd mit seinem Sparkassenhumor. Konnte tatsächlich nicht mehr allzu weit sein, ich lugte um den nächsten Felsvorsprung. Und
wer sagte es denn, da lag sie, des Kaisers noble Hütte. Und
der Hausherr kam uns winkend entgegen. Obwohl, so richtig
freudig erregt wirkte der Franz nicht, ganz im Gegenteil.
Paule Breitner wandte sich an Waldi. »Du hattest ihm doch
Bescheid gesagt, dass wir kommen?«, fragte er prüfend.
»Nicht direkt«, stammelte Waldi. »Er wird schon nix dagegen
haben.« Hatte er aber doch, wutschnaubend kam der Kaiser
angestiefelt. »Was wollt ihr hier?« Paule kleinlaut: »Wir
dachten, die Heidi …!« Franz energisch: »Die Heidi braucht

Ruhe! Also, schleicht's euch!« Wir blickten uns verdutzt an.
Herrgott, war der Franz verspannt. Aber bitte, wir wollten
uns nicht aufdrängen. Dann gab es eben eine Soliparty für
Sybille. Der war schließlich übel mitgespielt worden.

NASTROWJE! DIE RUSSEN KOMMEN!

Wer hätte das gedacht: Die Sowjets steigen bei den Schalkern ein. Hochstimmung natürlich auch bei Waldi, Delle und Onkel Günter. Schließlich wurde nirgendwo so entschlossen gelitert wie im Osten.

Wir hatten ewig nicht auf Schalke vorbeigeschaut. Lohnte aber auch nicht mehr, seit der Auszubildende in der Arena das Sagen hatte, der Mann knackte definitiv mit dem Hintern Paranüsse. Das hatten wir selbst zu spüren bekommen, als wir am Tag nach Rudis Rausschmiss zum Kondolieren mit der kompletten Guerilla in die Arena stolziert waren. Stimmung wie am Totensonntag, als wir mit unserer guten Bekannten Maria Cron in der Kabine aufgetaucht waren – bei Rudi sehr gerne gesehen. Der neue Mann hingegen hatte gleich mal den harten Hals bekommen und uns aus der Kabine gedrängelt. Feiervogel Kuranyi hatte noch versucht zu schlichten, aber vergeblich. Thema Schlacke war anschließend natürlich für uns durch. Die Jungs würden sich sicher auch auf der Meisterschaftsfeier mit Clausthaler die Birne wegschießen. Bloß gut, dass Rudi noch rechtzeitig den Sittich gemacht hatte. Gestern dann allerdings unser Ombudsmann Kevin am Funkrohr, mit einem heißen Tipp. Große Party in der Arena, handverlesene

Starlets an den Stangen, Motto: Moskauer Nächte sind lang!
Keinen Plan, was das nun wieder sollte, aber sei's drum:
Wenn uns die Schalker schon unbedingt dabeihaben wollten,
wollten wir mal nicht so sein. »Wir sind also eingeladen?«,
fragte Delle begierig zurück. »Wo denkst du hin«, gab Kevin
sich bedrückt. »Ihr steht immer noch auf der schwarzen Liste,
genauso wie Olaf und Rudi. Aber ich regele das schon.« Jau,
dem Straßenköter Kevin machte keiner was vor. Wir stimmten
uns professionell ein. Als wir zu fünft in Delles neuem Cabrio
über den Ruhrschnellweg bretterten, hatten wir schon alle
eine mächtig enge Mütze, Waldi hatte zur Feier des Tages ein
Quartett Moskovskaya aus dem Freezer geholt und die großen
Gläser gleich dazu. Nun kurvte Delle wie Walter Röhrl persönlich auf den letzten freien Parkplatz direkt an der Arena.
Das Parkschild »Tönnies« entfernte Waldi und warf es ins
Gebüsch. »Da kann der Fleischermeister aber lange suchen«,
gluckste unser Mann vom Bayerischen Rundfunk. Am Counter wartete Kevin bereits auf uns und lotste die komplette
Posse durch die Schranke: »Die Herren sind vom Ligaverband.« Die Stiernacken ließen uns passieren, schauten allerdings etwas sparsam, schließlich musste Trollinger schon
wieder getragen werden. Drinnen steppte bereits der russi-
sche Bär, Parole Borschtsch! Breuckmann und seine Kollegen
vom Rundfunk waren mit ihren verschärften Pelzmützen
und russischen Armeemänteln die Stars des Abends, Andi
Müller kam als Babuschka mit Kopftuch um die Ecke, ansonsten waren die Schalker Jungs um Klausi Fischer allesamt als

Schwarzmeermatrosen unterwegs und schon jetzt königsblau bis unter die Haare. »Nun brechen goldene Zeiten an«, lallte uns Schnusenberg, die alte Haubitze, ins Ohr. »Die Russen sind da und stopfen uns mit Geld aus!« Wir klopften Schnuse begütigend auf die Schulter: »Josef, schau dich mal lieber nach einem ordentlichen Insolvenzverwalter um! Sonst wird hinterher noch der Watzke eingesetzt!« Abgang Schnusenberg, stinksauer. Ach, und guck an, selbst Daum, der alte Steppenwolf, lurchte als Doktor Schiwago an der Theke herum und tunkte Brötchen in die Soljanka. Wir boten grinsend die hohe Fünf. »Was machst du denn hier?«, fragten wir neugierig. Unser Mann an der Linie schmunzelte nur: »Ganz private Angelegenheit.« Von wegen! »Ganz privat«, echote Waldi feixend. »Wahrscheinlich schaut Mirko auch deshalb schon die ganze Zeit so rüber, als hättest du ihn in der Fuzo beim Hütchenspiel abgezockt.« Christoph zuckte mit den Achseln: »Künstlerpech! Bin ja schließlich nicht die Caritas.« Plötzlich zog die Regie die Regler hoch, Kasatschok mit Anfassen. Wir reagierten blitzschnell, Hasenjagd auf der Tanzfläche. Doch Satz mit X, anstelle perfekt frisierter Damen aus dem Großraum Düsseldorf schwoften ausschließlich ältere Herren mit buschigen Schnurrbärten – Modell Janosch – auf dem Parkett. »Geordneter Rückzug«, zischte Delle verbissen, und wir schlenderten unauffällig zum Stehtisch zurück. Delle und ich waren uns sicher: Das hätte dem Rudi nicht gefallen. Christoph hingegen nahm sich noch einen Schöpflöffel Soljanka. »Mir schmeckt's, Freunde. Nastrowje!«

SCHENKELBÜRSTEN UND STOSSSTANGEN

Eben noch im Krankenhaus, jetzt schon wieder beim FC: Christoph Daum ist zurück und lässt es gleich mächtig krachen. Wettrennen auf der Kölner Nord-Süd-Fahrt mit Wolle Overath auf dem Sozius und einem klaren Sieg für Delles Zweitürer.

Hier muss es sein.« Waldi linste angestrengt durchs Fenster. Sackzement, seit einer Stunde fuhren wir nun schon in der Kölner Vorstadt den Tank leer und immer noch keine Spur vom Anwesen unseres Jugendfreundes Christoph. Gütiger Himmel, was hatten wir abgefeiert, als die Rückkehr zum FC über den Ticker lief. Endlich wieder gepflegte Schampusmassaker in Köln. Seit Wolle Overath Präsident war, war nämlich beim FC ungefähr so viel gegangen wie vormittags in der Konditorei. Nun aber würde alles gut werden, Christoph und seine Posse würden den Laden schon wieder auf links drehen, Motto: Party, bis der Chefarzt kommt. Wenn wir Christophs Lasterhölle allerdings nicht bald fänden, kämen wir gerade noch rechtzeitig, um die Spülmaschine einzuräumen. Es war schließlich schon längst elf Uhr durch, um neun hatte unser Mann zum feuchtfröhlichen Umtrunk gebeten. Dann plötzlich dröhnte es wummernd aus einer Einfahrt, unverkennbar Schlagerkönig

Roland Kaiser, »Dich zu lieben«, hier waren wir richtig. Wir parkten diagonal vor der Einfahrt und schlugen als Dreierbob an der Haustür auf. Die Bausparer vom Ligaverband machten artig Platz und gaben den Blick auf die bessere Hälfte der Party frei. Und, meine Güte, es tummelte sich ausschließlich exquisiter Begleitservice im Flur, alle Perlen mindestens FSK 18, keine Stoßstangen aus Bergheim, wie letztens noch bei Wolles Geburtstag. Christoph hatte offenkundig alte Kontakte reaktiviert, zumindest Monique und Jennifer standen schon vor Jahren im Sartory hinter der Theke. Der Gastgeber begrüßte uns schon am Eingang. »Kommt rein, ihr Gangster!«, strahlte der Heimkehrer, rieb seine Schenkelbürste an unseren Wangen und führte uns zur Theke. Da war nämlich gleich ein feines Bonjour-Tröpfchen für die Posse fällig. »Hab ich aus der Türkei mitgebracht«, grinste der Connaisseur. »Mit eingebauter Kopfschmerzgarantie!« Und in der Tat, 100 Prozent Glykol, ein Wein für echte Kenner. Christoph kippte die Suppe in einem Zug hinunter. »Und das zwei Wochen nach einer Mandeloperation«, staunte Delle. Der Gastgeber grinste verschlagen: »Kleine Info für dich: Die Mandeln habe ich mir schon mit zwölf wegmachen lassen! Aber die Krankenhausnummer war großes Kino. Mike Meier hatte Tränen in den Augen und hat gleich noch mal was Siebenstelliges draufgepackt.« Hehe, der alte Fuchs. Und wo wir gerade von den Experten sprachen, die Kölner Profis um Meier und Glowacz lümmelten sich in der Sofalandschaft und süppelten gelangweilt Rotwein. Ansonsten jede Menge Funktionäre, wenige Hochkaräter, kaum Geschmeide. Wir hielten uns also weiter an Christoph. »Na, mein Lieber, erst mal drei Jahre zweite Liga?«, frotzelte Waldi. Wir stöhnten gequält, Christoph bekam bei so was schnell einen harten Hals. Diesmal blieb der Erfolgstrainer allerdings erstaunlich ruhig und ließ den Zündschlüssel um den Zeigefinger rotieren. »Ihr Witzbolde«, kommentierte er Waldis launige Anmerkungen. »Wie wäre es mit einem kleinen Rennen? Dann sehen wir ja, wer zweite Liga ist!« Ein Mann, ein Wort, binnen Minuten stand die erste Startreihe. Links der Kölner BMW Williamsbirne mit Wolle Overath als Sozius und dem Gastgeber, rechts unser extrem leistungsfähiger Zweitürer mit Delle, Waldi und meiner Wenigkeit. Christoph ließ schon mal die Kolben zittern, gab mächtig Standgas. Delle lehnte sich aus dem Fenster und kommentierte knochentrocken: »Kleiner Tipp, Christoph, bevor es losgeht, einfach die Handbremse lösen.« Treffer versenkt, nun kommandierte Waldi: »Wirf an, den Fuchs!« Mit einem Kickstart bretterten wir vom Anwesen, Richtung Nord-Süd-Fahrt, die Kölner hinterher. Wir gaben tüchtig Gas, bei 190 Stundenkilos wurden wir leicht in die Sitze gedrückt, der Fahrtwind zerzauste meine frisch gelegte Welle. Eigentlich war kein Vorbeikommen, hätte Christoph nicht plötzlich eine dritte Spur aufgemacht. Mit irrem Grinsen knallte der Tausendsassa an uns vorbei, nackte Panik beim alten Wolfgang. »Der muss nachher auch die Buxe wechseln«, grinste Waldi. Bevor Delle nun ebenfalls die volle Tacholeistung abrufen konnte, ging auch schon neben uns die Kelle für die

Kölner heraus, bitte folgen. Herrje, die Trachtengruppe, allgemeine Verkehrskontrolle, ein unschönes Ende für unsere kleine Spritztour. Jetzt hieß es natürlich Solidarität zeigen, mit Christoph und Wolle. Im Schritttempo fuhren wir an den Jungs vorbei und gaben den Doppeldaumen aus dem Fenster: »Viel Spaß auf der Wache. Und, Christoph, pass auf deine Mandeln auf!«

JAHRESWECHSEL IN DER SCHNEISE

Pünktlich zu Silvester wird bei Otto Fleck die übriggebliebene Kohle vom WM-OK verballert. Die Clique hat Hausverbot, schleicht sich aber unter Decknamen ein: Gestatten, Christian Harten, Erik Zion und Gitta Stäbe!

Wir mussten Theo dankbar sein, er hatte uns gerettet. Ehrlich wahr! Und das kam so: Eigentlich hatte unser bayerisches Urviech wieder zu Silvester eingeladen, sein übliches Programm. Raclette und dann »Supermöpse« auf DVD. Zudem war Waldi mit seinen Pfännchen immer extrem pingelig. Letztes Jahr hatte Delle darin aus Versehen Käse anbrennen lassen, unser Gastgeber war stinksauer in die Küche verschwunden und hatte wie ein Verrückter an dem Pfännchen herumgeschrubbt. Also, war großes Aufatmen, als am vierten Weihnachtsfeiertag der gute alte Onkel Theo durchbimmelte und für den 31. einlud. »Jungs, ich erwarte euch zum Jahreswechsel in der Schneise. Wir lassen es noch mal richtig krachen, vom WM-OK ist noch jede Menge Kohle übrig.« Das hörte sich doch schon mal prächtig an, blöd nur, dass wir Waldi noch für seinen Pfännchen-Abend absagen mussten. Ich schloss schnell die Tür zum Wohnzimmer, den Job sollte mal schön der Kollege Delling erledigen. Drei

Minuten später kam Gerd wieder raus, aschfahl um die Nase:
»Er hatte schon alles eingekauft! Günter, er hat getobt!« An
Silvester hatte Waldi aber schon wieder Athletenpuls und war
natürlich mit dabei, als wir im St. Egidius-Stift einrückten.
Aber was war das denn bitte? Theo hatte tatsächlich eine
Gästeliste zusammengestellt, wir hatten das im Vorfeld für
einen dummen Scherz gehalten. Aber nun denn: Delle
checkte wie immer unter »Christian Harten« ein, ich lief diesmal auf dem Ticket »Erik Zion«. Klar, auch alt der Gag,
aber immer wieder gut. Die Jungs von der Sicherheit verzogen allerdings keine Miene, knackten mit dem Hintern
Nüsse, extrem verspannte Truppe. Und natürlich kam Waldi
wieder in Schwierigkeiten. Weder »Claire Grube« noch »Gitta
Stäbe« waren gelistet, unser Mann aus München bezahlte
knurrend einen Theo extra für die Kaffeekasse und war drin.
Wider Erwarten war im Foyer bereits schwer was los, die An-
kündigung, die OK-Kasse zu verbraten, hatte offenbar auch
noch den letzten Untoten aus der Verwaltung reanimiert;
hier wurden definitiv schon seit der Kaffeepause keine Gefangenen mehr gemacht. Pluspunkte gab es auch für die Ge-
tränkekarte, offenbar hatte der Blattersepp zu Weihnachten
den Schampuskeller der FIFA geöffnet, definitiv eine loh-
nende Alternative zum staubigen Prosecco aus dem Neuber-
ger-Archiv, den die Knauser vom DFB sonst immer aus-
schenkten. Auch Prominenz war zahlreich vor Ort, Bayerns
erste Reihe natürlich, allen voran Rummelfliege, der schon
wieder in bilaterale Gespräche mit einer Kaltmamsell ver-

tieft war. An den Stehtischen lümmelte sich die Hamburger
Champions League um Beiersdorfer und Bernd, die TV-
Meute war auch in Kompaniestärke angereist, und siehe an,
sogar unser Rummelboxer René Hiepen war wieder mit von
der Partie. Nur Theo machte uns schon zu früher Stunde
Sorgen, der Präsident war voll wie ein Eimer, hatte den stie-
ren Blick. »Kein Wunder«, grinste Horst R., »der trinkt seit
einer Stunde Apfelkorn aus großen Bechern, weil Götz ihm
erzählt hat, es sei Schorle.« Der Justitiar lachte: »Irren ist
menschlich.« Plötzlich stand Theo auf und torkelte fahrig
durch den Saal, sensationell, Laufwege wie Hilde Gerg beim
Riesenslalom. Schnell geleiteten ihn seine Jungs wieder an
den Ehrentisch zurück und bestellten »noch mal zwei Apfel-
schorle für den Herrn«. Immer weiter, immer weiter. Einfach herrlich! Die Zeit bis zur Vierernull auf dem Display
verging im Flug, zumal die DFB-Spitze ein amüsantes Rah-
menprogramm zusammengestellt hatte. Absoluter Höhepunkt: »Dinner for one« mit Harry Stenger als Miss Sophie
und Udo als Butler. Sehr lebensecht, der Meistertrainer hatte
natürlich selbst für die Getränke gesorgt. Gegen zwei Uhr
nachts erwachte Theo plötzlich aus dem kleinen Nickerchen,
das er gegen halb zehn eingelegt hatte, und stand wieder
auf. »Night of the living deads«, murmelte Delle fasziniert.
Der Präsident winkte uns herrisch hinaus auf den Flur und
kommandierte: »Alle Flaschen mitnehmen.« Wir folgten
und verstanden: Es war höchste Zeit für das traditionelle Neu-
jahrskegeln, elf gegen elf. Beim Durchzählen allerdings

lange Gesichter, weil sich die Hundertschaften aus München und Hamburg schon dünnegemacht hatten, bei 18 war Schluss. »Egal«, entschied Theo mit großer Geste, »spielen wir halt nur neun gegen neun. Ist ohnehin viel bequemer.« Dann sackte er auf einem Stuhl zusammen und schlief wieder ein. Wir betrachteten ihn mitleidig. Morgen würde sich Theo an nichts von alledem erinnern können, jede Wette.

BEATRIX FREUT SICH

Keine Schorletrinker, keine Nipper, keine Nutella-Boys! In der Münchner Arena lässt sich's feiern. Zumal die Bayern heute endlich den Felix rausschmeißen. Und um den Nachfolger kümmert sich wer? Natürlich die Clique!

Wir hatten eigentlich nur auf der Durchreise Station gemacht. Unsere üblichen zwei Wochen Hüttenzauber auf dem Oberkogel, Après-Ski ohne das lästige Vorspiel, die Bretter hatten wir erst gar nicht mitgenommen. Nun saßen wir aber doch in der Arena, weil Kalle für uns vier Karten für den Sesselblock zurückgelegt hatte. Andererseits, Bundesliga gegen Bochum, das roch nicht gerade nach gepflegter Stunt-Action. Wir fuhren trotzdem hin, schon weil uns Rummelfliege für hinterher noch Freibons fürs Pascha versprochen hatte. Rechtzeitig schlugen wir im Wichtigbereich auf und sicherten uns gleich einmal einen strategisch günstigen Stehtisch in Sichtweite der Hostessen. »Mmmhh, Feinkost Käfer«, schmunzelte Waldi und fingerte der ersten Perle gleich mal die 07er Puffbrause vom Tablett. »Stößchen, meine Lieben.« Wir grinsten und nahmen routiniert den Kontakt zu den jungen Mitarbeiterinnen auf. Delle klopfte bei der ersten Perle an: »Na, ist das hier so heiß, oder bin ich das?« Spitzenspruch, hatte er sich bei Wonti abgeschaut. Aber keine Reaktion. Nächster Versuch Waldi. Unser Urviech setzte gleich alles auf eine Karte und legte der Hostess die Hände auf die Schultern: »Oh, das sind ja Schulterblätter. Ich dachte, es wären Flügel.« Yeee-ha, absolute Weltklasse, woher Waldi das nur immer hatte? »Der Spruch ist von Wonti«, grinste er. Aber auch hier null Reaktion, die Mädels kamen definitiv alle direkt aus der Kühlkammer. Stimmung wollte da natürlich auch nicht aufkommen, höchste Zeit, mal Kalle und Uli Hände zu schütteln. Das Spiel lief ohnehin schon eine Stunde, da würden die Jungs sicher kurz Zeit für die Partyclique haben. Wir enterten den Sesselblock und fragten neugierig: »Wie steht's denn?« Kalle knurrte nur: »Null-Null.« Wir mussten grinsen, gegen Bochum, da konnten sie die Bude streng genommen ja gleich ganz dichtmachen. Nur hoffentlich fiel die abendliche Feierei nicht komplett ins Wasser. Höchst besorgt machten wir uns gleich nach dem Schlusspfiff in Richtung Mixed Zone auf, mussten ja schließlich unsere Truppe für heute Abend zusammenstellen. Diesmal würden wir knallhart auf Qualität achten, es würde gnadenlos ausgesiebt werden. Keine Schorletrinker, keine Nipper, keine Nutella-Boys! Philipp Lahm muss leider draußen bleiben. Tja, so weit die Theorie, in der Zone herrschte allerdings eine Stimmung wie in der Aussegnungshalle. Nach 20 Minuten hatten wir gerade mal drei feste Zusagen für den späteren Abend, van Bimmelchen, Luke und Schweini, ganz magere Bilanz. Dann lief uns Felix übern Weg, wirkte

mächtig angespannt. Waldi knuffte ihn in die Seite. »Na,
alte Humorbombe, heute Abend mit von der Partie?« Ganz
falscher Text für Felix, der Cheftrainer verzog sich wortlos.
Himmel, war der aber empfindlich, knackte auch nach zwei
Jahren München immer noch mit dem Hintern Nüsse. Ziel-
los flanierten wir noch ein bisschen durch den Wichtigbereich. Ach, und siehe da, Rummelfliege und der Manager
tuschelten hektisch an der Theke, beide hatten sichtlich
schon ordentlich Oktan im Kanister. »Wer flüstert, der lügt«,
grinste Delle, bestellte bei der Thekenkraft eine Batterie
Asbach und kumpelte dann Kalle an: »Na, schmeißt ihr den
Schachspieler heute raus? Zeit wird's!« Die Jungs vom Re-
kordmeister seufzten: »Nichts lieber als das. Aber wen willst
du holen?« Gute Frage, nächste Frage. »Peter Neururer«,
schlug Delle vor. Wir mussten alle herzlich lachen. »Ottmar!«,
steuerte Waldi bei, auch schön, das wurde ja immer absur-
der. Hatte schließlich keiner vergessen, wie der Mann vor zwei
Jahren rausgemobbt worden war. »Vergiss es, Waldi«, winkte Uli dann auch müde ab, »Ottmar ist jetzt perfekter Haus-
mann. Wäsche, Fenster putzen, Müll runterbringen. Der
macht demnächst sicher auch bei ›Frauentausch‹ mit.« Wir
mussten wieder lachen, klingelten allerdings trotzdem zum
Spaß bei Ottmar durch. Ein Freizeichen, klang schon mal
gut. »Wetten, der meldet sich mit Maggi-Versuchsküche?«,
gluckste Delle, dann war Ottmar auch schon dran. Uli, ganz
der Manager, griff sich den Hörer und lallte mit schwerer
Zunge: »Otti, tut mir alles leid wegen damals. Willst du Trai-

ner bei uns werden?« Er hatte kaum fertiggeredet, schon kam die hektische Antwort: »Ich kann morgen früh anfangen, alles ist besser als das hier!« Im Hintergrund plötzlich Rumoren, dann Ottmars panische Stimme: »Mit wem ich telefoniere, Beatrix? Mit niemandem, Beatrix, war falsch verbunden.« Und aufgelegt. Wir bückten uns ab. Na, das konnte ja heiter werden. Uli und Kalle war es egal, schließlich hatte Ottmar zugesagt. Und Beatrix ja irgendwie auch.

ENTRÜMPELUNG BEI TROLLINGER

Danke für nichts, Theo! Setzt der Jungpräsident doch tatsächlich unseren guten alten Trollinger vor die Tür. So herzlos kann kein Zweiter sein! Beim Entrümpeln des Büros hilft die Clique, vielleicht gibt es ja noch Wertsachen abzustauben.

Bis zuletzt war nicht klar gewesen, ob Waldi dabei sein würde. Der Kollege hatte sich zwei Wochen an der Ostküste gegönnt, in Fort Myers schön den großen Zeh ins Wasser hängen und alle paar Tage zur Entspannungstherapeutin, so ließ sich das unser Urviech gefallen. Nun warteten wir allerdings schon eine geschlagene Stunde am Gate auf Waldi, wahrscheinlich hatte sich der gute Mann mal wieder beim Landeanflug mit einer Saftschubse auf der Doppelnull verbarrikadiert. Dann kam Waldi endlich durch die Schranke. »Unverschämtheit«, schnaufte er, »so ein Aufstand wegen einem Paar Schuhe.« Wir blickten an unserem Globetrotter herunter, guck an, Waldi hatte sich neue Boots geleistet. »Feinste Schlange aus Arizona«, prahlte der Starmoderator vom BR. Wir mussten lachen. »Sieht eher aus wie altersschwacher Büffel«, gluckste ich. Eine Viertelstunde später saßen wir in Delles Viertürer, und Waldi versorgte uns mit den letzten Action-News aus dem Sonnenstaat: »Hab

Effe getroffen, der hat schon wieder was mit der Nachbarin!«
Yeeha, nicht zu fassen, der alte Karussellbremser bekam
doch immer wieder neue Perlen an den Start. »Ich hab sogar
ein Foto gemacht«, wedelte Waldi stolz mit der Mobilfunke.
Wir linsten aufs Display, tatsächlich, das war Effe, aber definitiv nicht mit Frau Strunz. Erster optischer Eindruck in der
Runde: keine Kandidatin für die Jahres-Charts, außerdem
gleiche Schminkschule wie Martina. »Hab natürlich gleich
mal eine MMS an Claudia geschickt«, schmunzelte Waldi.
Delle beschleunigte und wechselte nach links außen. »Wohin
fahren wir eigentlich?«, fragte Waldi neugierig. »Thai-Mas-
sage? Bar Liaison? Kleiner Absacker bei Monique?« Wir ächz-
ten. »Schön wär's«, bequemte sich Delle schließlich. »Theo
hat Trollinger das Büro gekündigt. Wir helfen beim Umzug,
kleiner Freundschaftsdienst!« Das verschlug dem Lebemann
sichtlich die Sprache. Ich hatte plötzlich Mitleid mit Waldi.
Kommt perfekt gebräunt aus dem Jet und gleich weiter zur
Entrümpelung bei Troll. Gut eine Stunde später parkten wir
auf dem Anwesen und waren kaum ausgestiegen, da hörten wir bereits die Stimme. »Mein Gott, die Margit«, erbleichte
Delle und wir gleich mit. Schließlich hatte keiner von uns
damit gerechnet, dass die Fürstin der Finsternis mit von der
Partie sein würde. »Noch können wir wieder abhauen«, lockte
Waldi hilflos. Aber es war schon zu spät, die eiserne Lady
stiefelte bereits mit strengem Blick die Treppe herunter. Unser
Verhältnis zur Gattin war hoffnungslos zerrüttet, seit wir ihr
2004 im Mannschaftshotel in Portugal den Fenstertisch im

Frühstücksraum weggeschnappt hatten. Margit musterte uns kühl und rief dann nach oben: »Gerhard, deine Freunde sind da!« Schon kam Trollinger um die Ecke, im Feinripp, leicht fahriger Blick. »Jungs, schön euch zu sehen.« Umarmung für alle, hui, der Präsident hatte schon wieder kräftig am Obstteller genascht, Williams Birne satt. »Nun aber ran an die Arbeit«, kommandierte Margit herrisch, »die Kartons stehen oben.« Waldi pfiff leise durch die Zähne und verabschiedete sich erst einmal auf die Doppelnull, einen Chinesen an die Wand stellen. Den sahen wir so schnell nicht wieder, so viel war klar. Neidvoll blickten wir dem Routinier hinterher. Troll war sichtlich dankbar für unser Erscheinen, fragte uns Löcher in den Bauch. »Und, Jungs, was ist los in der Liga? Was machen die Bayern so? Und ist Doll noch HSV-Trainer?« Wir mussten grinsen. »Kannst du doch alles im ›Kicker‹ nachlesen«, frotzelte Delle und schlug sich dann theatralisch gegen die Stirn. »Ach, ganz vergessen, den bekommst du ja gar nicht mehr!« Wir bückten uns ab, der eiskalte Theo hatte unserem Präsidenten ja auch noch die Fachzeitschrift entzogen. »Sehr witzig«, knurrte Trollinger. Inzwischen hatte sich Waldi in die Treppenkette eingereiht. Doch noch bevor unser Original die erste Zimmerpflanze in die Hand genommen hatte, klingelte schon wieder die Funke. Effe aus Florida bimmelte an. »Eheberatung Hartmann«, meldete sich Waldi grinsend. Hätte er mal besser gelassen, Effe, emotional weit über Richtgeschwindigkeit unterwegs, war stinksauer wegen der kleinen Grußbotschaft an Claudi. Waldi natürlich arg in der Defensive, dafür die ganze Clique von hinten: »Effe ist verlie-hiebt, Effe ist verlie-hiebt!« Ein köstlicher Spaß. Gegen Abend hatten wir das Büro komplett leergeräumt. Wehmütig blickte Trollinger noch einmal in die kahlen Räume. »Das tut weh«, seufzte er, schloss die Tür und blickte dann fragend in die Runde. »War's das?« Wir nickten. Das war's.

PROST, UDO! PROST, WONTI!

Teufel noch eins: Da hatte sich die Clique schon aufgelöst, den Schlüssel umgedreht, zum Abschied leise servus gesagt. Und nun sind sie doch wieder alle da: Delle, Günter, das Urviech Waldi und natürlich Trollinger im Kofferraum.

Leute, fragt mich nicht, wie es dazu kam. Dass ich nun doch wieder mit Europas härtester Feiertruppe auf dem Münchner Ring unterwegs war, 180 Sachen, alle Lampen an. Trollinger hatte traditionell schon in Stuttgart vorgeglüht und es sich nun neben dem Reservereifen gemütlich gemacht. Waldi mixte auf der Rückbank »Hartmann spezial«, einen brutalen Cocktail, den sich das Urviech im Thailandurlaub von einem Zeitsoldaten abgeguckt hatte. Null Zentiliter Fruchtsaft, keine Deko! Delle sortierte unterdessen auf dem Sozius die Straßenkarten, schließlich cruisten wir nun schon seit einer geschlagenen Stunde durch Munich Downtown. Der Manager hatte zum traditionellen Empfang am Vorabend der Jahreshaupt geladen, Würstchen satt und jede Menge Hostessen in 16:9. »Sind wir bald da?«, nölte Waldi nun von hinten. »Schnauze«, brummte Delle. »Wir sind hier doch nicht beim Quiztaxi!« Ich musste lachen. Heiliger Bimbam, hatte ich die Jungs vermisst. Es war dann ja alles ganz plötzlich gegangen. Wir hatten zusammengesessen, Delle und ich, nach der Sendung, beim Kollegen daheim, endlich mal wieder. Während ich ein paar Pfeile im Beckmann-Autogramm, von Delle über die Dartscheibe gehängt, versenkt hatte, hatte der Gastgeber einen amtlichen Röhrenverstärker aus dem Eis geholt. »Macht unverdünnt blind und impotent«, hatte Delle geschmunzelt und dabei das Glas gehoben. »Prost, Udo!« – »Prost, Wonti!«, konterte ich. Und schon waren wir ins Erzählen gekommen. »Weißt du noch, wie wir auf der Bayern-Weihnachtsfeier Uli beim Nacktrodeln gedemütigt haben?«, schwärmte Delle, und ich fiel ein: »Und die WM im Grunewald? Das Gelage vor dem Halbfinale gegen die Spaghettis?« Delle gluckste: »Schnix, dieser Teufelskerl, hatte sogar noch eine Büchse Fernet in den Mannschaftsbus geschmuggelt!« Hach, herrliche Zeiten waren das gewesen, wir wurden fast ein bisschen wehmütig und mussten an Waldi denken. Das Urviech hatte im letzten Jahr stark abgebaut. Das Elend in nackten Zahlen: 50 Prozent Umsatzeinbruch bei Resi im Hacker-Stüberl, auch die Mädels aus dem Leierkasten hatten Waldi schon seit Monaten nicht mehr zu Gesicht bekommen, und das trotz Monatskarte. Also, es war höchste Zeit für RTL2-Action-News. Wir bogen aufs Gelände vom Manager ein, hoben Trollinger aus der Backbox und bezogen unseren Gefechtsstand in der Warteschlange. Und sieh an, Uli hatte mal wieder das Festgeldkonto geplündert. Girlanden satt und schon am Eingang ein ganzes Rudel Hostessen aus dem oberen Preissegment. Waldi ließ sich natürlich nicht lange bitten, ging gleich in den Nahkampf. »Mädels, glaubt ihr an Liebe auf den ersten Blick?« Die Damen höflich: »Nein, wieso?« Waldi ganz routiniert: »Dann lauf ich eben noch mal vorbei!« Hehe, der Mann hatte eben nichts verlernt. Drinnen war allerdings noch eine Stimmung wie in der Aussegnungshalle. Nur ein paar Senioren vom DFB schoben sich in Superzeitlupe über die Tanzfläche. »Vorsicht, Jungs!«, unkte Delle. »Wenn die erfahren, dass Adenauer nicht mehr Kanzler ist, kriegen die glatt 'nen Herzinfarkt.« Ansonsten aber kaum Prominenz. Nur der Wasserkopf der Adlertruppe war komplett angetreten, Jogi, Oliver, Azubi Hansi, und sogar der alte Partyschreck Sammer war dabei. Wir marschierten kurz rüber und machten den Fünfer, obwohl Mattes herumzickte, hatte sich wohl gerade einen Fingernagel eingerissen. »Lass dir die Wunde doch tackern!«, schlug Delle mitfühlend vor. Sammer knurrte nur: »Seht zu, dass ihr Land gewinnt!« Wir grinsten und marschierten zur Theke. »Stell mal vier Pils unter die Dusche«, orderte Waldi herrisch, während wir den Gastgeber begrüßten. Der stierte wütend auf die leere Tanzfläche. »Prima Atmosphäre hier, Uli!«, frotzelte Waldi und fragte interessiert nach: »Ist die Urnenbeisetzung gleich anschließend?« Hoeneß explodierte in Sekunden, packte Waldi am Kragen und beutelte ihn hin und her: »Für die Scheißstimmung, da seid's ihr doch verantwortlich!« Wir traten den geordneten Rückzug an und wünschten noch viel Spaß auf der Jahreshaupt am nächsten Tag. »Werd ich haben«, knurrte Uli, »werd ich haben!«

KÖNIGSBLAU, EIN LEBEN LANG

Undankbarer Jens. Da vermittelt die Clique dem Keeper einen lukrativen Job in Dortmund. Alles inklusive: amtliches Handgeld, Dienstwagen, 16:9-Flachbildglotze. Und was macht er? Sagt ab. Aus privaten Gründen. Einfach so. Ja, geht's denn noch?

Luton Airport. Der Flieger setzte unsanft auf und schlingerte über die Landebahn. Leichte Panik in Reihe 17. »Bremsen!«, keuchte der kreidebleiche Delle, während Waldi in Richtung Schaffnerkabine bellte: »Hast du Känguru-Sprit getankt?« Unser Urviech hatte ohnehin ordentlich Druck auf dem Kessel, das Team Grün hatte ihm am Gate eine Tagesration Franziskaner aus dem Rollkoffer gefischt. Waldi lief jedenfalls schon seit Stunden auf Reservetank. Zu allem Überfluss hatte auch noch die Saftschubse in der Economy herumgezickt, anstatt uns ersatzweise Spumante aus der Bordverpflegung zu servieren. Sei's drum, unseren UK-Trip ließen wir uns von diesem lackierten Totalschaden jedenfalls nicht verderben. Motto: Franco Foda! Vor drei Wochen hatte uns Mike die Einladung gekabelt. Drei Tage mit dem Käpt'n und Keeper Jens in London unterwegs, ofenwarme Mädels und Hopfensuppe satt. Und wer sagte es denn, unser Gastgeber wartete bereits am Exit. Gemeinsam hievten wir den Alterspräsidenten vom Paketband, dann ging es im Stechschritt zum Parkhaus. »Du humpelst ja gar nicht!«, staunte Delle. »Bin ja auch nicht verletzt«, bemerkte der Kapitän grinsend. »Bevor ich mich zu den Totalversagern auf die Bank setze, hol ich mir lieber den gelben Schein!« Wir staunten. »Und das geht so einfach?« Mike lachte: »Den Ärzten hier kannst du einen Besenstiel hinhalten, und die loben deinen Muskelaufbau!« Wir bückten uns ab. Mike war eben Vollprofi! Im Parkhaus allerdings namenloses Entsetzen, hatte sich der gute Mann tatsächlich einen Diesel andrehen lassen. »Wo hast du denn den Heizöl-Ferrari her?«, fragte Waldi schließlich. »Tipp vom Keeper«, brummte der Kapitän missmutig, »die Karre taugt nichts, zieht bei 220 leicht nach links.« Wir grinsten und warfen uns auf die zweite Bank. Troll nickte ohne weitere Formalitäten wieder ein, während Mike vorne amtlich in die Eisen trat. 190 in der Spitze, das konnte sich sehen lassen. »Wer später bremst, ist länger schnell«, grinste unser Mann bei Chelsea und griff zur Funke. »Jens, sind gleich bei dir. Stell schon mal ein paar Büchsen auf Frost!« Delle blickte durchs Heckfenster, hinter uns klemmte schon seit längerem ein Ford mit Doppelbesatzung. Mike lachte: »Keine Sorge, das sind nur die Jungs vom SID!« Nun denn, eine Viertelstunde später blockten wir die Feuerwehrausfahrt vor Lehmanns Hütte. Waldi kam als Erster aus den Startblöcken und grölte schon auf der Treppe: »Her mit den kleinen Au-Pairs!« Die Haustür war angelehnt, drinnen keine Spur von den blutjungen Haushaltshilfen.

Dann rief Jens von oben: »Bedient euch, Jungs! Ich mach mich noch kurz frisch!« Wir fingerten uns ein paar Maurerpatronen aus dem Eis und stießen an. »Senna! Berger! Prost!« Zehn Minuten später, wir hatten schon wieder Luft in der Büchse, war Jensemann allerdings immer noch bei Villeroy & Boch und zog sich den Kamm über die Pocke. Plötzlich bimmelte Jensens Handfunke, Klingelton: »Königsblau, ein Leben lang«. Hehe, immer noch der alte Schalker. Mike linste aufs Display: »49er-Nummer, das ist Deutschland, geh mal ran!« Waldi schnappte sich mit großer Geste den Ziegel, meldete sich aufgekratzt: »Ye-hes.« Polyglottes Urviech! Er flüsterte uns zu: »Weltklasse! Die Susi ist dran! Die wollen Jens nach Dortmund holen!« Muahahaha, wir kriegten uns nicht mehr ein. Lehmann zum BVB? Wie wollten die Brüder den bezahlen? Vorzugsaktien? Tausch mit Ricken? Hahahaha. Das wollten wir natürlich genauer wissen. Unser dritter Vorsitzender nahm wieder Funkkontakt mit Deutschland auf: »Jaha … ich bin der Berater … großes Interesse …« Waldi und Susi verstanden sich offenbar prächtig, keine fünf Minuten, und die beiden hatten den Wechsel perfekt gemacht, amtliches Handgeld, Dienstwagen, 16:9-Flachbildglotze. Dann kam auch schon der Keeper die Treppe heruntergetänzelt. »Du wechselst nach Dortmund. Hab ich gerade klargemacht«, erläuterte Waldi ihm die neue Sachlage. »Susi telefoniert schon mit der ›Bild‹«. «Nie im Leben«, polterte Jens. »Ich bin Schalker!« Waldi zuckte grinsend mit den Achseln. »Dann sag halt wieder ab. Private Gründe oder so …«

KENNWORT: HÖGSCHDE DISZIPLIN

Freundschaftsspiel gegen Österreich. Es gibt ja keine Kleinen mehr. Außer Österreich. Dementsprechend konzentriert wird die Vorbereitung auf das Spiel angegangen. Mit Dröhntraube und kistenweise Maurerpils auf Zimmer 14.

Um kurz vor acht hatte Müwo endlich durchgeklingelt und die Zahl des Abends durchgegeben. »Zimmer 14, zweiter Stock«, hatte der Doktor geflüstert und gleich wieder aufgelegt. Keine zwei Minuten später bogen wir bereits mit Lichtgeschwindigkeit aus der Tiefgarage. Delle lenkte einhändig den Straßenkreuzer durch den 4. Bezirk zum Mannschaftshotel, während im Heck eine gute Flasche Dröhntraube kursierte. Sogar Troll nahm noch mal einen mächtigen Schluck und sackte dann wieder weg. Das Urviech entriss dem Alterspräsidenten den Kübel und lugte misstrauisch durch den Flaschenhals. »Da ist ja mehr drin als vorher!« Zehn Minuten später stießen wir in eine Parklücke direkt vor dem Hotel. Delle, legendärer Kontaktparker, starrte angestrengt in den Rückspiegel. »Hab ich noch Platz?« Waldi grinste: »Wenn's kracht, noch einen Meter!« Wir checkten aus und trugen Troll zur Pforte, unser Senior war schon wieder hart wie'n Koffergriff. Vor dem Hotel lungerten natürlich die

Topspione von der »Bild« herum. »Vergesst es, Jungs«, knurrten die fröstelnden Kollegen. »Da ist kein Durchkommen, Flick schiebt Wache an der Rezeption.« Wir schnaubten nur verächtlich, blutige Anfänger, alle beide, bei uns hatte der gute Mann noch nie Probleme gemacht. Und wer sagte es, auch diesmal schaute Hansi nicht einmal von der »Frau im Spiegel« hoch, als wir ihm das übliche Anerkennungshonorar übers Furnier schoben. Im zweiten Stock dröhnte bereits gepflegte Bierkönig-Atmosphäre durch die Tür von Zimmer 14. »Parole?«, zischte eine Stimme durchs Schlüsselloch. Das war unverkennbar Kevin aus der Nutella-Werbung. »Högschde Disziplin!«, antworteten wir routiniert. Klassiker! Drinnen war bereits die Hölle los, die Stuttgarter hatten in der Sporttasche fünf Batterien Maurerpils ins Quartier geschmuggelt. »Wirf mal den 17er-Schlüssel rüber«, rief Hitzlsperger, Mike ließ den Flaschenöffner durch den Raum segeln. Nur Torhüter Jens saß mal wieder lustlos am Tisch und nippte am Selters: »Jungs, denkt dran, wir haben morgen ein schweres Spiel!« Dröhnendes Gelächter im Team. »So geht das schon den ganzen Abend«, grinste Mike, wischte sich eine Lachträne aus dem Augenwinkel und erklärte den Sachverhalt noch mal gaaaanz langsam für den Ersatzkeeper bei Arsenal. »Ist kein richtiges Länderspiel. Wir spielen nur gegen Österreich!« Wieder großes Gelächter und hoch die Tassen. Ein bisschen zu schnell für Delle, der hatte plötzlich ein akutes Schaumproblem am Flaschenausgang. »Gerd, brauchst du 'ne Schnabeltasse?«, grinste Schnix. Das ließ

Delle natürlich nicht auf sich sitzen. »Ich wach voller auf, als du ins Bett gehst, Freundchen!«, konterte unsere Allzweckwaffe. Schnix war erst mal bedient. Kurz vor Mitternacht brach unsere Reisegruppe endlich auf. Wir fuhren Kolonne, vorne standesgemäß die Clique, dann Gómez mit dem Nachwuchs und die Senioren mit Mike. Der Tanzschuppen, den uns der Krankl Hansi empfohlen hatte, entpuppte sich allerdings als üble Bauerndisco. »Bin ich Stammgast«, hatte der Altinternationale geprahlt. Bislang tummelten sich allerdings ausschließlich Landmaschinen auf der Tanzfläche. Wir postierten uns mit den Routiniers an der Theke, einarmiges Reißen in der Halbliterklasse war jetzt angesagt. »Hörnerwhisky für alle«, orderte Waldi, und während die Thekenmaus den Jägermeister einschenkte, bemühte er sich um unseren Keeper, der inzwischen immerhin auf Jever Fun umgestiegen war, und knuffte ihm in die Seite. »Man kann auch ohne Spaß Alkohol haben, mein Lieber!« Jens reagierte nicht, also setzte unser Urviech noch einen drauf. »Hab vorhin mit dem Teamchef gesprochen«, flunkerte er. »Er sagt, du bist gesetzt für die Euro!« Treffer, das war die Sprache, die unser Torhüter verstand. Plötzlich war die Nummer zwei aus London wie ausgewechselt, ließ sich nun die Brandbeschleuniger en gros über die Theke reichen. Es dauerte nicht lange, dann lag Jensemann in Fechterstellung unter dem Bistrotisch. »Was machen wir jetzt mit dem?«, fragte Mike ratlos. »Der hält doch morgen keinen Ball.« Schnix winkte grinsend ab: »Völlig egal. Spielen doch nur gegen Österreich!«

RAUS AUS DEM KOFFERRAUM

Wohlfühlstunden für den Senior. Zum 75. Wiegenfest fest hat sich die Clique etwas ganz Besonderes für den Kollegen Trollinger ausgedacht: großer Empfang mit alten Weggefährten und jungen Hasen.

Schon recht, wir hatten uns in den letzten Monaten wirklich zu wenig um unseren Senior gekümmert. Rein in den Kofferraum, raus aus dem Kofferraum, wurde höchste Zeit, dass Trollinger mal wieder was anderes zu sehen bekam als das Reserverad in Delles Benziner. Also hatten wir uns zum 75. eine kleine Überraschung ausgedacht. Aber pssst … alles topsecret, geheime Verschlusssache, Margit durfte natürlich nichts erfahren, die Erzherzogin hatte uns schon das letzte Jubiläum versaut. Drei Stunden gedecktes Abendessen mit dem Granufink-Geschwader vom Fußball-Bund, erst dann hatten wir Trollinger mit dem alten Hundraus-Trick aus der Gefahrenzone gelotst. Es durfte diesmal nichts schiefgehen, deshalb hatten wir für unseren Alterspräsidenten nicht nur die übliche Topless-Show und ein Abo für die »Apotheken-Umschau« ausgelobt. Stattdessen der ganz große Aufschlag mit alten Weggefährten und Stangentanz bis zum »Morgenmagazin«. Waldi hatte eine Top-Location besorgt: Bayerns Luca hatte nach langem Hin und

Her die Schlüssel seiner Villa in Italien rausgerückt, selbstredend gegen ein fürstliches Entgelt. Der Ohrenschrauber war schließlich Geschäftsmann. »Und wer zahlt den ganzen Spaß?«, hatte Sparfuchs Delle natürlich wieder genölt, aber unser Urviech hatte nur lapidar gekontert: »Spesenkonto 412, Bayerischer Rundfunk.« Heute Nachmittag hatten wir Troll dann direkt aus seiner Stuttgarter Seniorenresidenz in den Mietwagen gehievt. Der rüstige Pensionär war natürlich schon wieder rund wie ein Buslenker, was uns aber nicht stören sollte, wir hatten schließlich noch ordentlich Kilometer vor uns. Während der Jubilar in spe kurz hinter Degerloch wieder auf Torfatmung umstellte, wandte sich Delle neugierig an Waldi. »Wohin genau fahren wir eigentlich?« – »Emilia Romagna«, antwortete unser Fahrer beiläufig. Delle horchte auf: »Eine Bekannte von dir? Etwa gutaussehend?« Wir bückten uns ab, der junge Mann hielt wahrscheinlich auch die Po-Ebene für einen Swingerklub. So verging die Fahrt in heiterer Laune, bis wir zur Primetime die Einfahrt der Toni-Villa hochkachelten. Ein scheckheftgepflegtes Anwesen, Delle pfiff anerkennend durch die Zähne. Dann hoben wir Troll aus der Karre, der allerdings reagierte unwirsch. Doch bevor der Senior sich aufregen konnte, öffnete sich schon die Eingangstür, großes Hallo und Gläserklirren. Dann gab Waldi den Einsatz, die Meute fiel ein: »Viel Glück und vie-hiel Segen …« Wir blickten uns um. Es waren tatsächlich alle gekommen. Die Neigungsgruppe Weißbier mit Udo und Erich, die Schneeforscher von Premiere, die Jungs von »Bild«Hamburg mit Starcoiffeur Jörg Althoff, eine Abordnung der Adler-truppe, sogar Wontis Filmrissbande aus Unterföhring war vollständig angetreten. Aber Moment mal, wo hatte der Kollege seine neue Lebensgefährtin gelassen? Wonti: »Ich nehm doch auch keinen Sand mit an den Strand!« Hehe, da war was dran. Während Troll einen hochprozentigen Präsentkorb nach dem anderen auf dem Tisch deponierte, drängelte sich doch tatsächlich der Rekordnationalspieler an uns vorbei. Der Mann hatte derzeit eigentlich andere Verpflichtungen. »Musst du nicht in Köln sein?«, fragte Waldi neugierig nach, aber Lothar grinste nur: »Erich hat heute überraschend frei!« Zwei Stunden später hatten die Partygäste Tonis Hütte schon komplett runtergerockt. Zunächst hatte die DSF-Posse den Treppenläufer strammgezogen, so dass Helmer oben den Adler gemacht hatte und die Stiegen hinuntergesegelt war. Später hatte Müwo beim Bowling zwei Vitrinen komplett entglast, während Kille-Kalle im Sturm der Leidenschaft die Plüschstores im Schlafzimmer runterriss. »Ein Fall für Lucas Hausratsversicherung«, kommentierte Delle den Schaden gleichmütig, als der Vorsitzende des Festkomitees spontan bei Luca in München durchklingelte. »Scusi, Toni«, radebrechte unser polyglotter Weltmann Waldi. »Sinde eben angekommen! Si, per automobile! Si, bella Italia! Però piccolo Problemchen: tutto aufgebrochen, Einbrecher, la villa completamente verwüstet!« Dann legte Waldi auf und wir stießen endlich an: mit Trollinger. Auf Trollinger.

CRASHKURS IN KÖLLE

Lothar macht den Trainer schnellkurs bei Erich. Dreimal Bälle aufpumpen, zweimal Waldlauf, einmal ein schlaues Gesicht machen – fertig ist das Baumschulendiplom für den Perspektivtrainer.

Wo bleibt ihr, Jungs?«, hatte Lothar in den Hörer gerufen, und im Hintergrund hatten mehrere junge Frauen gejohlt. Ließen wir uns natürlich nicht zweimal sagen, fünf Minuten später hatten wir eine komplette Einsatzhundertschaft für den Überschallflug nach Köln am Rhein beisammen. Kostenübernahme durch den BR hatte Waldi auch schon auf dem ganz kurzen Dienstweg klargemacht. Das übliche Konto, Passwort: Marianne Kreuzer. Warum wir es so eilig hatten? Die Sache war die: Lothar machte seit ein paar Wochen den Pilotenschein, Crashkurs bei Ruth E. Möller an der Sporthochschule. Vier Wochen Grundausbildung, danach gelber Schein bis zur Zeugnisausgabe. Was hatten wir gelacht, als Müwo zehn Freitickets blanko ausgestellt hatte, Diagnose: Muskelverhärtung. Wo sich bei Lothar doch schon seit Wochen nur exakt ein Muskel verhärtete, hehe. Nach den üblichen Schwierigkeiten beim Einchecken, Waldi hatte diesmal unter Franz Iskaner gebucht, landeten wir gegen 14 Uhr in Köln. Delle und Troll holten uns ab, unser Alterspräsident agierte allerdings schon wieder im tiefroten Bereich. Dem Kollegen hatte offenbar der traditionelle Osterfrühschoppen mit Onkel Udo mächtig zugesetzt, erschöpft lehnte Trollinger im Parkhaus an der Wand. »Dicht wie ein LKW-Reifen«, kommentierte Waldi abschätzig, und Delle frotzelte: »Troll, die Wand steht auch ohne dich.« Pünktlich zur zweiten Trainingseinheit kachelten wir auf den Parkplatz der Sporthochschule. »Was ist das denn hier für ein Brettergymnasium?«, moserte Delle gleich los. »Wo sind denn die Parkplätze für verdiente ARD-Mitarbeiter?« Na fein, waren die Bodenturner selber schuld, dass wir am Ende wieder mal die Feuerwehrausfahrt zuparken mussten. Dann alle raus und mit vier Kisten Brandbeschleuniger zum Trainingsgelände. Dort lungerte natürlich schon der komplette Freundeskreis herum. Ein ganzes Rudel von »Bild«Köln, ein paar Pegeltrinker vom Fußball-Bund und die Taugenichtse aus dem dritten Semester. Wollten wohl von Lothar lernen, wie man das Handy richtig hält. »Studenten«, knurrte Waldi angewidert, »gegen so was bin ich ja hochgradig algerisch.« Delle grinste: »Wäre ich auch, wenn ich noch nicht mal ein Diplom von der Baumschule hätte.« Auf dem Platz bekam unterdessen unser Trainer in spe gerade einen massiven Einlauf von Erich. Wir robbten heran, wollten schließlich dabei sein, wenn der Rekordnationalspieler frisch gebügelt in den Kleiderschrank gehängt wurde. »Und mit der Telefoniererei ist jetzt auch mal Schluss«, knurrte Erich gerade. Lothar nickte zerknirscht. Dummer Zufall, dass prompt schon wieder die Handfunke bimmelte. »Tja«, grinste Waldi hämisch. »Klingeln ist Silber, vibrieren ist Gold.« Lothar ging nanatürlich trotzdem dran, war offenbar die Schülerin. »Nein, du störst gar nicht. Was gibt es denn?« Anscheinend gab es private Probleme, Lothar bellte in den Hörer: »Die Klinik war mir aber empfohlen worden. Und ich hatte gesagt: Doppel-D! Nicht Doppel-B!« Nun platzte dem Chefausbilder endgültig der Kragen. »Drei Strafrunden«, kommandierte Erich herrisch, »und zwar mit Hackengas.« Lothar trabte los, drehte sich aber noch mal zu uns um: »Jungs, letztes Bier für euch, bin gleich fertig hier.« Der Azubi absolvierte noch eine halbe Anstandsrunde und fing dann plötzlich an zu humpeln. Wir bückten uns ab. »Sicher ein Muskelbündelriss«, ulkte Waldi. »Da wird eine Operation nicht zu vermeiden sein!«, steuerte Delle bei. Lothar griff sich nun immer wieder an die Wade, ließ sich schließlich von zwei Helfern vom Platz schleifen. Hehe, Erich rief sicher gleich das Blaulichttaxi, drei Wochen Bettruhe inklusive. Nun denn, der Ausbilder hatte komplett den Kaffee auf, verschwand in den Kabinen. Im Handumdrehen kam Lothar wieder heraus. »Spontanheilung«, grinste er und gab die Details für den Abend durch: »Vorglühen beim Wolfgang im Geißbockheim, anschließend Stangentanz im Schwanstein. Irgendwelche Einwände?« Wir grinsten. Das hörte sich gut an. Nach Herrengedeck, blutjungen Hostessen und natürlich Muskelverhärtung für alle.

DAS HOTELKOMPETENZTEAM II

Die »Alles Kahn, nichts muss!«-Party steckt den Jungs noch in den Knochen. Trotzdem erklären sich Günter, Delle und Waldi bereit, das deutsche EM-Hotel anzutesten. Schon mal gut: sieben Kanäle im Erotikbereich.

Waldis erster Griff ging wie immer zur Fernbedienung. »Eins, zwei …«, zählte das Urviech mit, »sieben Kanäle im Erotiksegment, das kann sich sehen lassen.« Wir hatten uns drei Tage im Giardino am Lago Maggiore eingebucht, Hauptquartier der Adlertruppe während der Euro. Unser Job: für Mike und Co. das Gelände auskundschaften, Fluchtwege, mögliche Depots für Hochprozenter, das Übliche. Angemeldet hatten wir uns als DFB-Delegation. »Die Rechnung wie immer an die Otto-Fleck-Schneise«, hatten wir dem Schergen hinter dem Hoteltresen mitgeteilt. Hatte anstandslos geklappt, vor allem weil Delle routiniert mit »Flick, Hansi« unterschrieben hatte. Die Signatur konnte der ARD-Mann inzwischen fast so perfekt wie die von Heribert Faßbender. Hehe, Sammer würde ausrasten, wenn er die Zahlungsaufforderung auf den Tisch bekam. Noch während wir es uns auf den Zimmern bequem machten, klingelte der Kapitän aus London durch. »Jungs, sagt an, hat die Bude einen Partykeller?«

Waldi grinste in die Funke: »Selbstredend. Und außerdem zwei unbeleuchtete Notausgänge.« Mike lachte hämisch: »Perfekt, kann Hansi schön seine Runden drehen.« Wir mussten schmunzeln, unvergessen, wie Vorgänger Jogi vor zwei Jahren mit Stabtaschenlampe durch den Grunewald geirrt war. Der Kapitän hatte es dann plötzlich eilig: »Jungs, bin jetzt raus, gebe nachher noch die Getränkebestellung durch. Nicht vergessen, Odonkor bleibt zuhause.« Waldi nickte verständig: »Alles klar, kein Jever Fun diesmal.« Eigentlich hätten wir nun richtig Gas geben können. Wir hatten aber noch alle die enge Mütze auf, von der »Alles Kahn, nichts muss«-Party mit den Münchnern in Sankt Petersburg. Wir hatten zunächst gar nicht mitfahren wollen, dann aber machten uns die Jungs mit ihren Andeutungen richtig heiß. Und Kalle sicherte uns schließlich noch vier Plätze in der Bayern-Maschine. Ottmar schaute natürlich wie zehn Jahre Migräneforschung, als unsere gutgelaunte Reisegruppe die Gangway entlangmarschiert kam. Nicht einmal anstoßen wollte der alte Bausparer. Dafür war im Heck schon allerbeste Stimmung gewesen, die Neigungsgruppe Alkohol um Schweinsteiger und Lall hatte sich die letzte Reihe gesichert. Klassiker! Und während wir Troll auf der Bordtoilette einrasten ließen, hatten uns die Kollegen schon die erste Batterie Kräuterlikör aus der Reisetasche überreicht. »Wie habt ihr das Zeug denn durch die Schranke bekommen?«, fragte Delle staunend. »Isotonische Durstlöscher«, grinste Luke. Die Stimmung war dann minütlich gestiegen, absoluter Höhepunkt: Nach einer

Stunde Flugzeit war Luke ins Cockpit getorkelt und hatte die Piloten gebeten, mal eben rechts ranzufahren, von wegen Pinkelpause. Und das alles auf Reiseflughöhe, die Meute hatte sich abgebückt. Mehr ging nicht, Luke hatte definitiv nicht mehr alle Nadeln an der Tanne. In Sankt Petersburg hatte dann der komplette Kader mächtigen Seitenwind. Fronck und der Italiener kamen kaum die Gangway runter, Lall wurde von zwei Kollegen gestützt, selbst Kahnemann hatte sich zwei, drei Flugbier mit Schuss genehmigt. Nur Ottmar blickte immer noch drein wie am Volkstrauertag. Delle gleich zu ihm hin: »Tja, Ottmar, das Leben ist kein Ponyschlecken.« Der Coach hatte nur angewidert die Hand von seiner Schulter geschubst. Am Zoll gab es dann Ärger mit der Miliz. Wegen zwei lausigen Flaschen Kulmbacher Exportweizen in Waldis Handgepäck hatten die Pelzmützen Alarm geschlagen. Waldi hatte schließlich ein Gazprom-Jahresabo für seine Hütte in Österreich abschließen müssen, damit ihn Wachtmeister Plem-Plemski gehen ließ. Das Spiel war dann eine große Gaudi gewesen. Fronck hatte immer gegen den falschen der beiden Bälle getreten, und auf der Bank hatten die Kollegen die Gerste solidarisch weitergereicht. Am Ende hatten die Bayern verloren. »Wie hoch denn?«, war Froncks neugierige Frage gewesen. Unser französischer Freund hatte schon ab der 30. Minute auf Standby geschaltet. Eben ein Vollprofi. Den Kollegen würden wir während der EM auf jeden Fall einladen. In den Hobbykeller vom Hotel Giardino. Rechnung wie immer an Hansi Flick.

KÖRPERDOUBLE FÜR TIM

Unsere Helden platzen mitten in den Nutella-Dreh. Das gefällt Arne natürlich überhaupt nicht. Doch die Clique hindert das nicht daran, den Jungschauspieler zur Weißglut zu bringen. Ergebnis: Allerbeste Sportstudio-Stimmung!

Alter Verwalter, mein Schädel brummte, ein Bieraffe, wie ich ihn selten erlebt hatte. Nebenan kam Delle gerade zu sich. Der hatte offensichtlich auch die Handwerker im Kopf. War ja kein Wunder, die Flatrate-Party auf Zimmer 29 im Mannschaftshotel auf Mallorca war schließlich bis in die frühen Morgenstunden gegangen. Motto: Dicht ist Pflicht. Vor allem die Bierkompressoren aus der Leitungsebene hatten richtig Gas gegeben. »Pennt doch hier«, hatte Lutscher schließlich gemeint. »Jogi ist morgen auf der PK, und Hansi traut sich bei Dunkelheit nicht in den zweiten Stock.« Das hatten wir uns nicht zweimal sagen lassen. Waldi hatte es sich im Trikotkoffer gemütlich gemacht, Delle und ich blockten das Bett von Marco Marin. »Oder kommt der noch mal rein?« Dröhnendes Gelächter von der Truppe. »Der soll lieber erst mal Abi machen«, hatte der Lange noch hinterhergeworfen. Wir weckten Waldi und schlurften dann zum Frühstücksraum, an den Spielerfrauen vorbei, die offenbar gerade auscheckten. Wurde aber auch höchste Zeit, dass sich die Damen vom Acker machten. Konnte ja schließlich nicht sein, dass unsere Jungs durch Externe von einer optimalen Vorbereitung abgehalten wurden, hehe. Im Frühstückssaal war noch weniger los als in der Wolfsburger Fußgängerzone. Wir platzierten uns in der Nähe der Notausgänge, konnte ja schließlich keiner wissen, ob Jogi und der Stenger-Harry nicht doch spontan um die Ecke kommen würden. Unser Hausverbot von der WM, als wir dem David unverdünnten Fernet in die Fanta gemischt hatten, galt schließlich immer noch. Kaum saßen wir, kam sofort ein Scherge vom Service anmarschiert: »Ihre Zimmernummer, bitte.« Delle lächelte verbindlich: »Die 25.« Pech für Köpke, gab's nachher leider kein Frühstück mehr für den Bundestorwarttrainer. Der Kaffee wurde serviert. Waldi verzog angewidert das Gesicht: »Schmeckt ja wie Oma unterm Arm!« Das Urviech wankte zum Getränkeautomaten, kehrte aber unverrichteter Dinge zurück. »Kann mir einer was pumpen?« Delle klopfte bedauernd auf die Hosentaschen. »Tut mir leid. Bin total franjo.« Bevor wir nun die Rezeption anpumpen konnten, zog uns Delle zurück auf die Plätze. »Schaut mal rüber«, gluckste er, »die Nutella-Clique.« Und tatsächlich saßen da die Streber aus der Fernsehwerbung, Scheitel, Arne und Marzell mit unserem Kumpel Kevin. Ganz schlechter Einfluss! Offenbar wurde gerade wieder ein Spot gedreht, Kameras und Scheinwerfer satt. Das mussten wir sehen, pirschten uns an die Szene heran und gingen in Deckung. Auf das Zeichen des

Regisseurs waren wir natürlich sofort mit Zwischenrufen dabei. »Nusspli, Nusspli!«, grölte Waldi, während Delle wichtige Hinweise gab: »Arne, das Brot richtig rum halten. Schokocreme nach oben!« Comedy vom Feinsten, kam allerdings gar nicht gut an. Ganz schlechte Stimmung am Set, vor allem Arne war extrem mies drauf. »Lasst das doch bitte! Wir sind gerade mitten in den Dreharbeiten!« Mal wieder typisch unser Vorzeigeverteidiger, spontan wie ein Fahrplan. Nun kam aber Schwung in die Sache. Anweisung des Regisseurs: Scheitel schießt den Ball durch ein Loch im Fenster. Kinderleichte Übung, außer für den Holzfuß aus Bremen. Die Clique gab alles, wir klatschten uns die Finger wund, allerbeste Sportstudio-Stimmung. Aber Scheitel hatte offenbar einen Knick in der Optik, der gute Mann schoss mal eben ein zweites Loch ins Glas. Anerkennender Applaus von uns dreien, dann das Angebot von Delle: »Tim, sollen wir dich doubeln lassen?« Scheitel jetzt noch verbissener, nächster Anlauf, wieder Glasbruch. Bruahaha, wir konnten nicht mehr. Plötzlich schaute Luke neugierig um die Ecke, der Kollege hatte gestern auch bis zum Stillstand der Pupillen gebechert und sicher noch 2,3 Promille auf der Uhr. »Soll ich mal?«, bot er an. Spontaner Sprechchor: »Körperdouble, Körperdouble, hey, hey!« Kurzer Anlauf von Luke, Volltreffer, ab durchs Fenster. Großer Jubel bei allen, außer beim Scheitel. Wir hingegen klatschten Luke ab, Delle zog den Jungstürmer noch mal zu sich heran: »Aber auch gegen die Polen das Toreschießen nicht vergessen, mein Lieber!« Luke grinste: »Geht klar, Chef!«

DAVID SCHLÄFT SCHON

Im EM-Quartier der deutschen Mannschaft wird die Clique schon sehnsüchtig erwartet. Aber erst um 23 Uhr kann die traditionelle Laktatwerte-Party steigen, denn die Wachen am Eingang wurden unangemeldet verstärkt.

Zugegeben, die Nummer hatten wir uns komplett anders vorgestellt. Die Jungs hatten uns schließlich vorher schwer einen vom Pferd erzählt. Offizielle Delegationspässe, Free Drinks bei den Partys auf Zimmer 9 und natürlich vier Premiumplätze in der DFB-Maschine. Im Gegenzug hatten wir die Jungs mit ausreichend Elektrolyten zu versorgen, sechs 24er-Batterien pro Abend, dazu ein Quartett Küstennebel für den Mannschaftsrat, hatten wir vor der EM mit dem Kapitän ausgemacht. Doch gleich am ersten Abend ging alles schief. Zwar hatte Per wie angekündigt zur großen Laktatwerte-Party geladen, auf der traditionell derbe geschüttet wurde, dummerweise hatte der Teammanager aber unangekündigt die Wachen am Eingang verstärken lassen. Bedeutete: Wir hatten umständlich den Weg über die Hotelküche nehmen müssen. Als wir gegen 23 Uhr in Mertes' Zimmer aufschlugen, rissen uns die Jungs bereits die Kolben aus den Händen. »Das nächste Mal aber früher«, hatte der Fringser gemault. Ein Gutes hatte die Verspätung, Odonkor hatte sich schon schlafen gelegt. In den folgenden Tagen allerdings verschlimmerte sich die Lage noch. Der Manager hatte nämlich zusätzlich zu den Stiernacken an der Pforte eine zweite Sicherheitsebene im dritten Stock eingezogen. Statt der legendären Rundgänge von Hansi Flick zur vollen Stunde also scharfe Kontrollen schon am Aufzug. Hieß wiederum: Wollten die Jungs nicht abends Fanta aus der Bordküche nuckeln, mussten sie den Ausbruch wagen. Am Abend vor dem Portugal-Kick ging es dann tatsächlich rund. Per Räuberleiter über den Hotelzaun und auf direktem Weg ins Viva Maria, die beste, weil einzige Topless-Bar am Ort. Akzeptable Musik, drei Stangen parallel und eine ganze Garnison ansehnlicher Hostessen mit schweren Lungenflügeln. Großes Hallo, als die Jungs in Formation in den Schuppen einfielen. Die Routiniers blockten gleich die besten Plätze an der Bühne, während sich die Youngster um Marcel und Clementine am Eingang herumdrückten. Waldi begrüßte die Milchbärte jovial: »Amüsiert euch, Freunde! Und immer daran denken: Wer Meister werden will, muss auch auswärts punkten!« Währenddessen literten der Kapitän, Fringser und die anderen schon entschlossen los. Motto: Einer für alle, alle im Eimer. So ging das weiter, obwohl die Tänzerinnen gegen Mitternacht deutlich an Niveau verloren. »Na, die ist aber auch ein Fall fürs Ledermuseum«, kommentierte Waldi eine Perle, die Besitzer Giovanni offenbar direkt aus dem Solarium verpflichtet hatte. Gegen drei Uhr in der Früh hatte bis auf den Kapitän und Kevin nahezu das komplette Team den Rückzug angetreten, vor allem Fringser hatte Pech gehabt und war stockvoll gegen die Bühnenkante geknallt. Diagnose: Rippenbruch. Als wir uns kurze Zeit später ebenfalls auf den Weg machen wollten, wer schaute plötzlich durch die Tür herein? Der Manager! Auf Streife! Waldi kumpelte den Europameister von 1996 jovial von der Seite an: »Olli, alte Hüfte!« Doch der Kollege hatte schon einen harten Hals. Er sah gleich, dass Michael promilletechnisch auf der Überholspur unterwegs war, und machte mächtig Stunk. Da kam er bei Mike aber an die komplett falsche Adresse, der hatte den Herrn vom Starnberger See ohnehin gefressen. Kurze Rangelei, linker Haken, dann zog Kevin den Kapitän zur Seite. »Das nächste Mal kassierst du«, zischte Mike noch, aber der Manager hatte schon wieder den Rückwärtsgang eingelegt. Am nächsten Morgen hatten wir eine extrem enge Mütze auf. Ich blickte auf die Uhr. Schockschwerenot, schon halb zwei durch, in einer Stunde ging der DFB-Flieger ab Verona. Klarer Fall, das Portugal-Spiel würde ohne uns stattfinden. Es sei denn … Zehn Minuten später saßen wir bereits im Spider, selbst Trollinger musste in der Hektik nicht in den Kofferraum. »Macht euch keine Sorgen«, wollte Waldi die Posse beruhigen. »Ich hab alles im Griff.« Delle schnaubte: »Waldi, hast du dein Clownskostüm in der Reinigung? Nichts hast du im Griff!« Weitere zehn Minuten später hasteten wir durch die Flughafenhalle. Aber: »Boarding completed«, wir waren zu spät. Dachten wir, dann jedoch Waldi in Topform, lieh sich kurz die Funke eines ebenfalls verspäteten Kollegen. Tobi, junger Spund, den wir in Tenero kennengelernt hatten. Guter Mann, viel Routine am Glas, vielleicht ein kleines bisschen naiv. Zwei Minuten später kam Waldi grinsend wieder, wir spurteten zum Gate und konnten nun doch noch einchecken. Tobi natürlich hinterher, bekam aber offenbar Schwierigkeiten und musste sein Handy vorzeigen. Aber das sollte nicht unser Problem sein.

BIERCHEN MIT BUDDHA

An Jürgen ist ein Innenausstatter verlorengegangen. Kaum wird er Trainer bei den Bayern, schon richtet er die Bude komplett neu ein. Sperrholzsofas, Bücher und ein paar alte Buddhas aus dem Dritte-Welt-Laden.

50 Meter noch bis zu Onkel Jürgens Wohlfühloase. »Das klappt doch nie«, zischte Waldi durch die Zähne. »Wir haben keine Ausweise, keine Passierscheine.« 30 Meter noch, 20, 10. »Ruhig, Brauner«, gab Delle tief entspannt zurück, »lass mich nur reden.« Und in der Tat, von den beiden Grundschulabbrechern an der Bayern-Pforte drohte uns keine Gefahr. Delle musste lediglich auf den mitgebrachten Alukoffer klopfen und verkünden, wir brächten »die Gummibänder für Dr. Steadman«, schon hieß es: Herzlich willkommen im Wellness-Tempel an der Säbener! Luxus pur für den Bayern-Kader und handverlesene Gäste wie Waldi, Delle und Trollinger. Letzterer war zwar schon wieder so voll wie die A9 nach Feierabend, aber wofür hatte Jürgen schließlich die bequemen Rattanmöbel im Empfangsbereich aufstellen lassen. Wir setzten den Senior waagerecht und erkundeten das Terrain. »Wo geht's denn hier zur Handentspannung?«, grinste unser Urviech, nun wieder ganz locker. »Keine Zeit«, beschied

ihn Delle streng. Und in der Tat, wir waren eh schon zu spät
dran. Luke hatte nämlich zur traditionellen Players' Night
geladen, isotonische Durstlöscher und handverlesene Amü-
sierdamen. Alles aber selbstredend nur informell, schließlich
war morgen früh schon wieder Ohrläppchenstechen angesagt. »Das werden sensationelle Laktatwerte«, schmunzelte
Waldi, während ich den Weg zu den Entmüdungsbecken
suchte. Die hatte Luke nämlich extra für die heutige Sause
leerpumpen lassen. Hoffentlich hatte der gute Mann die Getränke separat gekühlt, von uns hatte schließlich keiner
Lust auf französisches Fußpils. Vor allem mussten wir erst einmal hinfinden. Am besten funkten wir Schweini an, der
hatte hier schließlich schon eine Doppelfolge »Zärtliche Cousinen« gedreht. Doch plötzlich zog uns Delle in einen Seiten-
trakt. »Vorsicht, Jungs«, zischte unser Prokurist, »da hinten
steht Reiner Calmund.« Wir duckten uns weg. Was machte
der denn hier, gab doch heute gar kein Buffet! Da prustete
Waldi los: »Das ist Buddha, der neue Kotrainer von Jürgen.«
Allgemeines Gelächter bei der ganzen Clique. Buddha! Weltklasse! Eines stand fest, das Zeug, das Jürgen neuerdings
rauchte, brauchten wir unbedingt auch. »Hier müssten wir
richtig sein«, verkündete Delle nun und zeigte auf eine Tür
im Halbdunkel. Aber kaum hatten wir die Klinke herunterge-
drückt, erwartete uns eine handfeste Überraschung: großer
Bahnhof, Spalier, donnernder Applaus für die Clique. Womit
hatten wir diese Ehre denn verdient? Aber da kam auch
schon Miro auf uns zugetorkelt. Der Toptorjäger hatte offen-

bar schon mächtig gekesselt, Laufwege wie in der Schinken-
straße. Miro jedenfalls fiel Delle um den Hals, lallte: »Ganz
große Nummer, Freunde! Wie ihr dem Capitano die Hochzeit
versaut habt!« Nun fiel auch bei uns der Groschen. Wir waren ja vor ein paar Wochen bei Mike am Starnberger See eingeladen gewesen. Ringetausch mit Simone. Der Kapitän
hatte den ganzen Nachmittag exklusiv an die »Quick« oder
die »Neue Revue« verhökert, fototechnisch. War ja schließlich
Geschäftsmann. Auf jeden Fall hatte Waldi im Bootsschup-
pen nur nach kalten Getränken gesucht und dabei den Licht-
schalter gedrückt. Musste ja nix bedeuten, dass da »Web-
cam« drüberstand. Mike hatte getobt, und unser Urviech hatte hinterher nicht einmal mehr mit aufs Gruppenfoto ge-
durft. Die Story hatte natürlich die Runde gemacht, und an
der Säbener hatten sie Tränen gelacht. Und deshalb kam
nun auch Gastgeber Luke an und servierte uns höchstpersönlich ein hochprozentiges Willkommensgetränk. »Fühlt euch
wie zuhause«, grinste der Jungspund, der offenbar auch
schon auf der Felge fuhr. Merkte nämlich nicht einmal, dass
sein Handy bimmelte. Mit fahriger Geste drückte er schließlich den Anrufer weg. »War nur Overath, auch schon zum
siebten Mal heute«, grinste der Bursche. »Glaubt tatsächlich,
ich will zurück nach Köln!« Dröhnendes Gelächter in der
Runde, die Jungs kriegten sich kaum noch ein, vor allem Mi-
cha »Ära« Rensing gluckste: »Die haben doch noch nicht
einmal einen Schuhschacht.« Und keinen Buddha, der aus-
sieht wie Reiner Calmund, ergänzten wir im Stillen.

TIME TO SAY GOODBYE

Delle hat Noppenkutte, und Günter ist ebenfalls schwer gerührt von Ollis Abschieds-spiel in der Arena. Dumm nur, dass die Clique vom ZDF über-rascht wird, als sie in der Ka-bine alkoholischen Nachschub sucht.

Ich blickte stolz in den Rück-spiegel. Wer hätte das gedacht, der Siebensitzer endlich wieder einmal komplett ausgebucht. Sicher, Trollinger hatte zwar schon kurz nach Heilbronn auf Notstrom umgeschaltet, was allerdings auch kein Wunder war angesichts der halben Kiste Frankenwein, die unser Senior zuvor unverdünnt geleert hatte. Dafür waren nach langer Zeit die Gasthörer wieder dabei. Unser Mann am Bosporus, Hürnü Mike, war gekommen und sogar Cheftalker Reinhold hatte sich ausnahmsweise freigemacht. Auch untenrum! War aber auch klar gewesen, dass sich niemand Kahnemanns große Abschiedssause entgehen lassen würde – ob eingeladen oder nicht. Die Stimmung in der Limousine war jedenfalls prächtig. Delle grölte erwartungsvoll nach hinten: »Wir brau-chen Eier...« Und die ganze Meute gab zurück: »... Likör!«, während Waldi angestrengt am Stadion nach den VIP-Park-plätzen suchte. »Ist das hier?« Und schon wieder die ganze Besatzung: »Weiter, weiter, immer weiter.« Köstlich, wir wa-

ren im Kahn-Fieber. Dann kurvten wir endlich in die Katakomben und parkten auf einem der letzten freien Plätze.
»Reserviert für den Vorstandsvorsitzenden der FC Bayern KG«
– selten so gelacht. Troll war nicht wach zu bekommen, also
ließen wir den Kofferraum offen und es ging zu sechst im
Aufzug hoch in die Säbener-Lounge. Dort drängelten sich
schon die üblichen Verdächtigen. Links in der Ecke die Wintersportler von Premiere, die Burschen waren echte Natur-
wunder: kein Winter und trotzdem kräftiger Schneefall. Dann
zwei kichernde Cousinen vom Schweinsteiger und der mop-
pelige Tommy aus der Telefonwerbung, hoffentlich hatte der
heute keinen Auftritt. Andererseits, warum hätte sich der
Bursche sonst die kompletten Beißerchen neu machen lassen
sollen? Oben klärten wir kurz die letzten Details für die After-Show, Hansi Flick verteilte schon emsig die Bändchen fürs
VIP-Zelt. »Sechsmal für Familie Kerth«, bestellte Waldi, bruahaha, unser Urviech war heute in Topform. Auf der Tribüne
gab's allerdings mächtig Ärger, hinter uns saßen Teammanager Oliver und seine Crew. Die Brüder vom Starnberger pes-
teten herum, bloß weil wir nach fünf Minuten die erste Polo
quer durch den Block starteten. »Hinsetzen!«, keifte der Manager. Für uns das Zeichen, draufzugehen. Der Manager
bekam einen Satz heiße Ohren verpasst, späte Rache für den
Capitano. Die Lage beruhigte sich erst wieder, als Uli unten
am Spielfeldrand über die Stadionfunke mitteilte: »Heute ist
nicht der Zeitpunkt für solche Dinge. Heute ist der Tag der
Versöhnung.« Murren bei der Clique, wir waren hier doch

nicht auf dem Kirchentag. Und schon wieder Unruhe im Team, denn Waldi kam mit niederschmetternden Nachrichten von der Tränke. »Jungs, wir haben ein Problem. Im ganzen Stadion nur Leichtbier!« Da musste was passieren. In der Halbzeit fuhren wir taktisch geschickt mit dem Lastenaufzug in Etage minus zwei, irgendwo musste Olli doch noch eine Batterie Schweröl gebunkert haben. Und wer sagte es denn, der Jubilar hatte tatsächlich eine ganze Kiste Schnellhärter unter der Bank. »Da ist das Ding, da ist das Ding«, rief Delle begeistert, während Waldi mit Kennermiene im Plastikbecher den ersten Rachenputzer auf Strohrumbasis mixte und die anderen Jungs neugierig in die Spinde lugten. Während Mike noch Bommels Beißholz bestaunte, dröhnte Musik durch den Kabinengang. Das war der Opernzombie. »Jetzt schon?«, wunderte ich mich, während Delle grinsend auf seine Arme zeigte. »Guck mal, Noppenkutte, bin schwer gerührt!« Dann aber plötzlich Stollengeklacker auf dem Gang. »Der wird doch nicht …«, sagte Delle noch, während uns Waldi schon hinter die Tür zog. Keine Sekunde zu spät, schon kam nämlich Kahnemann zur Tür herein, gefolgt von einer ZDF-Kampfeinheit. Weltklasse, das war live! Olli setzte sich auf die Bank, nestelte an seinen Mauken. »Hilf dem alten Mann doch mal einer bei den Schuhen«, flüsterte Waldi, die Clique gluckste. Und dann nahm Olli doch tatsächlich einen großen Schluck aus Waldis Todesbecher. Jeden anderen hätte die Mixtur sofort ins Wachkoma gebombt, Olli aber grinste nur: »Das war's dann!«

DIDI SERVIERT SCHLÜPFERSTÜRMER

Antrittsbesuch der Clique bei SAP-Didi in Hoffenheim. Der hat allerdings nur wenig Zeit, er muss nämlich unten im Dorf schnell ein paar Fanklubs gründen – und noch einen Zwanziger-Sohn im Trainerstab unterbringen.

Gerd, von wann ist denn eigentlich dein Navi?«, maulte Waldi. Unser Urviech lotste uns nun schon seit einer Stunde planlos durch den Kraichgau. »Ich hab ›Hoffenheim‹ jetzt schon dreimal eingegeben. Findet er einfach nicht!« Delle beugte sich zwischen den Sitzen nach vorne: »Kann gar nicht sein, die gibt es doch schon seit 1899!« Großes Gelächter bei der ganzen Truppe. Dann aber mahnte ich die Jungs: »Reißt euch gleich ein bisschen zusammen. Der Didi ist doch immer so empfindlich.« Zumal uns der gute Mann auf ein langes Wochenende eingeladen hatte, alle Extras inbegriffen. Da hatte sich sogar unser Senior noch mal breitschlagen lassen, auch wenn der nun bereits wieder gute 30 Minuten auf der Hinterbank den Karpfen gab. Nur zu verständlich, wir hatten nämlich in Stuttgart amtlich vorgeglüht, hoch die Tassen bei Troll im Wohnzimmer, auch wenn wir hinterher bei Tante Margit ungefähr so beliebt waren wie Hinko bei den Bayern. Anyway, kurze Zeit später kurvten wir tatsächlich die Einfahrt zum neuen Stadion hoch. Vom Gastgeber allerdings zunächst keine Spur, stattdessen jede Menge Uniformen, offenbar Didis Privatarmee. »Sie wünschen?«, beugte sich ein Schnauz zum Autofenster hinunter. »Zum Chef«, gab Waldi leutselig zurück. »Und nun die Schranke hoch! Sonst macht ihr demnächst wieder die Einlasskontrollen bei Waldhof Mannheim.« Hehe, Sternstunden deutschen Humorschaffens, leider kamen die Burschen darauf aber gar nicht klar, die Infanterie ging gleich mal in Habtachtstellung. »Hände aufs Lenkrad«, bellte der Anführer. Doch bevor uns die Elitetruppe auf der Flucht erschießen konnte, kam plötzlich Unruhe auf. »Alpha fährt vor«, raunte unser Kontaktbeamte in die Funke. Und wer sagte es, zwei Minuten später rauschte Didi im Zweisitzer an. »Grüß euch, Jungs!«, kam der Milliardär auf uns zu. »Entschuldigt die Verspätung, aber ich musste eben noch runter ins Dorf, die Gründung von ein paar Fanklubs organisieren. Lästig, aber gehört ja schließlich auch irgendwie zum Fußball, so was!« Während wir gemeinsam mit Didis Assistenten den guten alten Troll die Treppe zum Stadion hinaufwuchteten, klingelte das Mobiltelefon unseres Gastgebers. Schien etwas Privates zu sein. »Grüß dich, Theo«, raunte Didi in die Handfunke, wurde dann aber gleich laut: »Den zweiten Sohn kann ich hier nicht auch noch unterbringen. Beim besten Willen nicht.« Das schien der Kollege am anderen Ende der Strippe zwar anders zu sehen, aber Didi war nun stinksauer. »Ich hab extra eine Frauenabteilung für deinen Sprössling eingerichtet. Und jetzt kommst du mir so?« Während der

Gastgeber noch palaverte, schauten wir uns im Stadion um. Und guck mal an, wer stand mit Helm auf der Baustelle und dirigierte die Poliere? Der Cheftrainer himself. »Ich seh schon«, grinste Delle, »Ralle hat endlich kapiert, dass man auch mal Sachen delegieren muss.« Didi hatte inzwischen aufgelegt und führte uns nun durch den Oberrang. Zwischendurch funkte er kurz den Manager an: »Schwindelmeier, holen Sie unseren Gästen doch mal ein paar Drinks.« Und wer sagte es denn, der Mann verstand sein Handwerk. Zehn Minuten später wurden uns vier gut durchgekühlte Schlüpferstürmer serviert, die selbst Troll für kurze Zeit die Pupillen weiteten. Wir zogen gemütlich an den Halmen und ließen Didi einfach reden. »Und das geht jetzt so weiter. 2010 ziehe ich hier noch einen Oberrang ein, dann Meisterschaft, dann Champions League. Paffpaffpaff.« Waldi grinste: »Und dein Jugendkonzept?« Bruahahaha, die ganze Runde bückte sich ab. Vor allem der Schwindelmeier bekam sich gar nicht mehr ein, japste nach Luft und wischte sich schließlich eine Lachträne aus dem Augenwinkel. »Köstlich! Jugendkonzept!« Wir verbrachten noch drei schöne Tage in Sinsheim. Und als wir am Sonntagabend ins Auto stiegen, klopfte Didi noch einmal jovial aufs Autodach. »Jungs, wenn ihr auf der A6 im Stau steckt, nehmt einfach den Standstreifen. Und wenn die Trachtengruppe Ärger macht, grüßt schön von mir. Das hilft immer.« Das ließen wir uns nicht zweimal sagen und legten Troll im Kofferraum ab. Dem half auch kein Jugendkonzept mehr.

KEVIN ALLEIN IM STADION

Irgendwie ungerecht, dass der Schalker Wunderstürmer bei Jogi nie zum Einsatz kommt. Das findet Kevin auch und haut einfach ab. Mitten im Spiel. Dumm nur für die Clique: Sie muss ihm seine Klamotten hinterhertragen.

Oha, Kevin war gar nicht gut aufgelegt. Lag vielleicht an unserer Begrüßung. »Na, Stammspieler!«, hatte Waldi launig das Gespräch mit dem Schöngeist aus Gelsenkirchen eröffnet. Aber Kevin hatte nur geknurrt: »Verzieht euch, Jungs!« Das ließen wir uns nur einmal sagen und blockten die freien Plätze vor, hinter und neben Kevin. Die »Reserviert«-Schilder waren sicher nicht so gemeint. Sollten die Gichtnacken vom Fußball-Bund doch schauen, wo sie sitzen. Wir jedenfalls hatten jetzt beste Sicht auf die WM-Quali gegen die Sowjets, allenfalls 30 Meter bis zum Zapfhahn und gepolsterte Armlehnen. Für den modernen Fußball, hehe. Neben uns wurde die Stimmung allerdings immer schlechter. Als wir uns nach dem 1:0 durch Luke mit Kevin abklatschen wollten – null Reaktion. Teamgeist sah wirklich anders aus. Natürlich taten wir alles, um unseren Sitznachbarn zu motivieren. »Kevin, zieh dich um. Jogi bringt dich in der zweiten Halbzeit!« Da blickte Kevin kurz hoch: »Echt?« Bruhaha, die ganze Clique

137

bückte sich ab, der Bursche war köstlich. »Aber vergiss nicht die Straßenschuhe auszuziehen«, gluckste Waldi. Unser Mann in der Nutella-Clique greinte: »Ihr werdet schon sehen, der Trainer gibt mir noch eine Chance. Ich werde mich jetzt im Training anbieten.« – »Eher spielt Odonkor mit Bänderriss!«, gab Delle grinsend zurück. Jetzt reichte es dem Wunderstürmer endgültig, und weg war er. Nach dem Spiel cruisten wir gewohnheitsmäßig durch den Sushi-Bereich, freundlicher Handshake mit den Sechzehnendern aus der DFL und kurz auf die Doppelnull. Unten am Mannschaftsbus standen nur noch Jogi und der Manager draußen, beide hektisch am Telefonieren. »Auf Kevin müsst ihr nicht warten, der ist schon früher gegangen«, informierten wir das dynamische Duo. Oliver winkte jedoch unwirsch ab: »Ich hab gerade andere Sorgen. Meine Aktienfonds sind im freien Fall«, während Jogi wohl tatsächlich auf der Suche nach dem Chancentod war. Der Coach ließ auf unsere Ansage hin entgeistert die Funke sinken. »Und eine bescheuerte Wartemusik hat er auch noch«, murmelte er, dann sprangen die beiden in den Bus, Tür zu, Abfahrt. Da fuhren wir doch gleich mal hinterher, vielleicht servierte die Clique von Zimmer 9 ja noch gekühlte Getränke aus der Minibar. Während Delle mühsam versuchte, den Anschluss an den Bus nicht zu verlieren, trudelte plötzlich auf meinem Knochen eine SMS ein. Gute Güte, die Mimose hatte geschrieben. »Zeug im Hotel vergessen. Könnt ihr holen?«, las ich den Jungs vor. »Von wegen«, mopste sich Delle. »Ich schlepp dem doch nicht die Nutella-Gläser

138

hinterher.« Aber wir waren ja nicht so, außerdem würde die Party bei den Adlerjungs erst später losgehen, die mussten sich schließlich erst einmal frischmachen, und der Flick-Hansi war auch noch bis mindestens null Uhr 30 auf Streife im Hotel unterwegs. Also nahmen wir den Fuß vom Gas, kurvten irgendwann gemächlich auf den Hotelparkplatz, brachten Troll sorgfältig in eine stabile Seitenlage und stiefelten dann in Richtung Eingang. »Nobler Schuppen«, kommentierte Delle. »Wohne ich auch immer, wenn ich in Dortmund bin.« Doch kaum hatten wir das Romantikhotel betreten, kam eine Dame von der Rezeption angewackelt. »Gut, dass ich Sie hier treffe, Herr Delling. Denken Sie noch daran, die offenen Beträge vom letzten Mal auszugleichen!« Sensationell, Blue-Movie-Gerd bekam gleich einen knallroten Kopf, hatte sich natürlich wieder mal nur ganz zufällig auf der Fernbedienung vertippt, »auf der Suche nach 3Sat«, grinste Waldi. Währenddessen hatten wir bereits das Kompetenzteam der Adlertruppe entdeckt. Oliver telefonierte noch immer mit seinen Investmentbankern, während Jogi offenbar versuchte, an der Rezeption eine kostenfreie Stornierung von Kevins Zimmer durchzusetzen. »Was wollt ihr denn hier?«, brummte der Coach. Und während er Hansi nach oben schickte, um Kevins Unterbuxen zu holen, schlurften Fringser und der Capitano an uns vorbei. »Ihr könnt dem Kollegen ausrichten: So was macht man nicht!« Michael pflichtete bei: »Sehe ich genauso. Solche Sachen regelt man intern.« Dann grinsten die beiden und stiegen in den Aufzug.

DIETER-HOENESS-FESTSPIELE

Der Hertha-Manager plant schon mal für den Mai 2009: Korso-Fahrt durchs Brandenburger Tor! Vorher wird aber noch die Route abgefahren, beim alljährlichen Alex-Alves-Gedächtnispokal.

Kurz vor der Zonengrenze wurde Waldi plötzlich sentimental. »1979 haben sie mir hier zwei Filme aus dem Gepäck gefischt«, seufzte unser Urviech melancholisch. »Eis am Stiel, die Rauch-Schwestern in Hochform.« Waldi gab jetzt den Connaisseur. »Video 2000, wenn euch das noch was sagt.« Delle maulte: »Sag mir lieber, welche Ausfahrt ich nehmen muss.« Wir linsten aus dem Fenster, selbst Troll stierte hinaus, obwohl unser Alterspräsident schon seit unserem Halt an der Tanke Marienborn dicht war wie eine Knasttür. »Da ist der Fernsehturm, wir sind am Alex«, rief Waldi aufgeregt. »Das ist der Funkturm«, korrigierte Delle grinsend. Waldi, alter Globetrotter! Ein paar Minuten später blockten wir schon den Parkplatz von Preetz vor der Hertha-Zentrale. Michi würde schon keinen Aufstand machen, wäre ja das erste Mal in fünf Jahren, muahaha. Wir waren mit Dieter verabredet, der alte Haudegen hatte nämlich eine illustre Runde in den Grill eingeladen. »Meisterschaft vorfeiern«, hatte er ins Telefon getrötet, »aber bei uns hebt keiner ab.« Ist klar, Chef! Der Manager hatte jedenfalls schon einen feinen Zwirn übergezogen. »Mein leichter Bieranzug«, grinste er und stieg mit Preetz in den 500er. Aber Weltklasse, der kleine Michi schnallte sich tatsächlich an. Der Bursche hielt das Lenkrad sicher auch noch mit beiden Händen. Dieter hingegen ging steil: »Kleines Rennen auf der Avus, Freunde?« Eine Minute später waren wir bereits auf der Piste und traten das Gas Richtung Süden. Unsere Kiste kam gut vom Fleck, das Rennen um den Alex-Alves-Gedächtnispokal war so gut wie entschieden. Kurz vor dem Tauentzien war allerdings Schluss mit lustig. Zwei Blaulichttaxis blockten die Straße. »Die Hände aufs Lenkrad«, bellte der Wachtmeister durchs Seitenfenster. Davon ließ sich Dieter im Wagen nebenan gar nicht beeindrucken. »Du lässt uns schön weiterfahren«, gab der Manager trocken zurück, »ansonsten ist sicher bei den Schülerlotsen in Marzahn noch was frei.« Zehn Minuten später lotste uns bereits ein Page durch den Seiteneingang. Dort war die komplette Hertha-Posse angetreten, Spieler inklusive. »Habt ihr nicht morgen das Spiel gegen Köln?«, fragte Delle erstaunt. »Klarer Fall«, grinste Joe. »Arne liegt auch schon seit einer Stunde im Bett.« Der Manager hatte derweil bereits wieder einen Hals wie eine Königskobra. »Was soll das heißen?«, blaffte Dieter in die Funke. »Sie müssen doch offene Wagen vorrätig haben. Guter Mann, wir reden von Mai 2009!« Unwirsch klappte der Kollege das Handy zu. »Ich kann doch nicht im Fiat Panda durchs Brandenburger Tor fahren.« Neben Dieter hockte Präsi Gegenbauer, der meckerte natürlich gleich angeschickert los: »Sind das hier die Dieter-Hoeneß-Festspiele oder was? Ich will auch einen offenen Wagen!« Waldi drängelte derweil zur Theke, einen Sechszylinder für die Clique ordern. Und guck an, neben unserem Mann beim Bayerischen Rundfunk hockte doch tatsächlich der Topstürmer mit der Stammplatzgarantie missmutig am Tresen. »Pante, altes Wildpferd«, grüßte Waldi leutselig. »Immer noch keinen neuen Verein gefunden?« Keine Reaktion! Lag wohl daran, dass Marko schon eine halbe Ewigkeit auf seine Dröhntraube wartete. Zu allem Überfluss kam auch noch der Coach auf Kurvenschuhen angeschlingert. Lucien hatte schon schwer Schlagseite und bestellte beim Bunny hinter der Theke einen Hochprozenter mit Schirmchen. Die konterte lässig: »Das Ganze noch mal mit Konsonanten, bitte!«, brachte dann aber anstandslos den Drink. Pante, kochend, motzte los: »Ich nicht bedient werden. Das ist Mobbing!« Er nun wieder! Der Mann wurde definitiv falsch beraten. Pante rauschte wütend ab, Richtung Sanifair. Wir natürlich hinterher, vielleicht gab es ja bei den Jungs auf der Doppelnull eine kleine Reise abzustauben. Marko allerdings blockte nur den großen Spiegel in der Waschzelle und kämmte sich versonnen. »Nächstes Jahr ich spiele bei Topklub«, verkündete der gute Mann. »Vorher musste aber noch was mit deinen Haaren machen«, grinste Waldi. »Mit der Tuntenperücke kommst du allerhöchstens in Bad Segeberg unter.« Der Stürmer gleich neugierig: »Wo spielen die? Und was zahlen die?« Wir grinsten. Lass gut sein, Pante.

NOTAUFNAHME, BITTE MELDEN!

Der DFB-Sportdirektor ist verstimmt. Über den sogenannten Cheftrainer des VfB Stuttgart. Der gute Markus hat nämlich keinen Trainerschein. Beim Vorglühen für Trollingers 76. gibt es Backenfutter für den Hilfslehrer. Oder besser umgekehrt.

Waldi rülpste, ich wachte auf. Ein schneller Blick durchs Hotelzimmer, das bayerische Urviech fingerte sich gerade einen Hirschlikör aus der Minibar, die anderen Kollegen lagen dagegen sämtlich noch im Wachkoma. Diagnose: akute Krombacher-Grippe. War aber auch kein Wunder, schließlich war gestern einarmiges Reißen in der Halbliterklasse angesagt gewesen. Trollingers 76. Wiegenfest wurde vorgefeiert, Motto: Der Klügere kippt nach! Unser Ehrenpräsident hatte alles nach Stuttgart geladen, was im Ballsport Rang und Namen hat. Und diesmal hatten Gerd und ich verhindern können, dass wieder nur die Graukappen aus der Schneise anrückten. Margit hatte zwar getobt, aber am Ende hatten wir uns durchgesetzt. Mit dem Erfolg, dass gegen 21 Uhr Moni mit einem ganzen Schwung kichernder WDR-Sekretärinnen hereingestürmt gekommen war. Die waren zwar alle nichts mehr für die Stange gewesen, durch die Bank schon Anfang ranzig, aber wie sagte doch Udo immer

143

so schön: Alte Scheunen brennen am besten! Auch ansonsten konnte sich die Gästeliste sehen lassen, ein ganzes Geschwader vom DSF, die Buli-Manager aus dem Westen hatten gleich einen Reisebus gemietet. Schalke-Manager Andi pöbelte allerdings sofort herum: »Was habt ihr denn hier für ein Bier besorgt!« Delle gab schlagfertig zurück: »Extra für dich! Kennst dich doch mit Fehleinkäufen aus!« Touché! Großes Gelächter, an der Theke bekamen sich Mirko und Rudi gar nicht mehr ein, Lachtränen satt. Der Abend hatte sich also passabel angelassen, obwohl ein Gast auch gegen 23 Uhr noch nicht eingetroffen war. »Kommt der Demagoge denn auch noch?«, hatte Waldi grinsend gefragt. Die Jungs vom DFB hatten lachend abgewinkt. »Der ist noch die ganze Woche damit beschäftigt, seinen Wikipedia-Eintrag zu korrigieren!« Hehe, Theo mal wieder. Dafür war aber Sportdirektor Sammer höchstpersönlich vorbeigekommen. »Wo hast du den Kollegen Eilts gelassen?«, frotzelte Gerd gleich zur Begrüßung. Die ganze Runde bückte sich ab, Dieter und Mattes waren schließlich ganz enge Freunde. Der Sportdirektor grinste maliziös und verschwand auf der Doppelnull, kam aber unverrichteter Dinge wieder heraus. Kein Wunder, sämtliche Kabinen waren seit 19 Uhr besetzt, die Jungs von Premiere feierten traditionell ihre Privatparty auf den Boxen. Natürlich hätten wir Mattes das Codewort verraten können, aber der Kollege war für eine gepflegte Abfahrt in den Tiefschnee eh nicht zu haben. Wenn der sonntags im roten Sessel saß, gab's selbst bei Wonti nur Bitburger Drive. Während sich der

Jubilar gegen Mitternacht mit Margit ins Séparée zurückgezogen hatte, war der komplette VfB-Kader inklusive Trainer aufgeschlagen. Die Burschen, schon mächtig Druck auf dem Kessel, hatten offenbar in der Kabine vorgeglüht. Vor allem Hitz war endlich seiner Führungsrolle gerecht geworden. Jogi hätte seine helle Freude daran gehabt. Der Nationalspieler war erkennbar bereits im notärztlichen Bereich unterwegs. Wir klatschten Tommy anerkennend ab, als am Tresen die Temperatur rapide stieg. »Trainer?«, hatte der Sportdirektor vom Tresen gestänkert, als der VfB-Coach vorbeikam. »Ich seh hier keinen Trainer!« Treffer versenkt! Schließlich war Markus beim VfB schon seit Wochen auf dem Hilfslehrer-Ticket unterwegs. Hatte sich Markus nicht gefallen lassen, Matthias kassierte ordentlich Backenfutter und verzog sich schließlich beleidigt. »Der lässt sich jetzt sicher in der Notaufnahme tackern«, grinste Waldi. Später wurde es dann noch richtig lustig. Um zwei Uhr in der Nacht kam nämlich tatsächlich noch der Rekordnationalspieler vorbei. Aber wer gedacht hätte, man könne mit Lothar amtlich Luft in die Flaschen lassen, wurde bitter enttäuscht. Der gute Mann hatte nämlich die Schülerin dabei, Abiturnote Doppel-D. Das Pärchen machte auf schwer verliebt, poussierte an der Theke. Wir betrachteten die unappetitliche Szenerie mit Sicherheitsabstand, und Waldi raunte mir besorgt ins Ohr: »Der wird die Perle doch nicht heiraten?« Da konnte ich das Urviech aber beruhigen. So blöd war nicht mal Lothar.

WO BITTE GEHT'S NACH DELMENHORST?

Eigentlich ist die Clique nach Bremen gefahren, um Trainer Schaaf den unvorteilhaften Bart abzunehmen. Dann aber treffen die Jungs in der Hansestadt zufällig den kleinen Brasilianer Diego in seinem Steppen-Ferrari. Bedeutet: Schwarzgummi am Ostertor.

Wir hatten Tommy im Fernsehen gesehen. Verwildert, zerzaust, verwirrt. Eine Frage der Ehre, dass sich die Clique sofort in Delles neuen Viersitzer geworfen hatte. Solidarität war für uns kein Fremdwort, außerdem war Sechstagerennen in Bremen, da gaben Fringser, Storch und die Meute immer Vollgas, und im Wichtigbereich war jede Menge weibliches Personal mit passablen BH-Werten unterwegs. Also hockten wir seit drei Stunden zu sechst in Gerds Neuwagen, sogar Heribert und Reinhold waren trotz ihres fortgeschrittenen Alters mit von der Partie. Allerbeste Stimmung, wir duckten uns amüsiert weg, als Delle kurz vor dem Ostertor schon zum dritten Mal bei Dunkelrot über die Kreuzung bretterte. »Dreimal ist Bremer Recht«, gluckste Waldi. Außerdem, uns konnte nichts passieren, notfalls würde uns wie immer der alte Lemke raushauen. War im Übrigen allerhöchste Zeit gewesen, dass Gerd die Abwrackprämie für seinen Mazda kassiert hatte. Sagenhafte 2500 Eulen hatte der Kollege beim Autohaus Möllenbrink in bar überreicht bekommen, dabei hatte Delle bei der Karre regelmäßig mit dem Fuß in der Ölwanne gestanden. Nun allerdings machte auch die neue S-Klasse komische Geräusche. »Hört ihr das auch?«, fragte Gerd besorgt. »So ein dumpfes Klopfen? Könnte der Vergaser sein!« Dröhnendes Gelächter der ganzen Besatzung. Delle, der Kfz-Mechaniker! Unvergessen, wie Gerd meinen Benziner neulich mit 50 Litern Ökodiesel betankt hatte. Was hatten die Burschen bei Pitstop gelacht! Allerdings hörten nun auch wir das Klopfen. Und plötzlich fiel der Groschen. Trollinger war aufgewacht! Delle trat die Bremse bis zum Blech, Waldi sprang aus dem Wagen und riss hektisch den Kofferraum auf. Unser Senior kam wutentbrannt hochgeschossen. »Ihr Spinner! Lasst mich hier raus!« Erstaunlich klare Aussprache für einen, der gestern Abend bei der Weinprobe in der Schneise die letzten fünf Flaschen ganz allein getestet hatte. Wir hievten den schwer angeschlagenen Alterspräsidenten mühsam vom Warndreieck und zwängten ihn zwischen uns auf die Mittelkonsole. Es waren nur noch 100 Meter bis zu Tommys Einliegerwohnung, als es plötzlich sehr, sehr hell wurde. »Ich sehe das Licht!«, murmelte Waldi überwältigt. Unser katholisches Urviech mal wieder! Delle gluckste: »Das ist kein Licht! Das ist Diego im weißen Touareg!« Und tatsächlich rollte im Schritttempo der kleine Brasilianer im hochgebockten Geländewagen an uns vorbei. »Saludos!«, grüßte Diego und hob fahrig die Hand. Himmel, der Bursche hatte aber auch schon ordentlich atü auf dem

Kessel. »Bist du nicht verletzt?«, fragte Delle neugierig. Große Heiterkeit im Touareg. Wir linsten neugierig durchs Fenster. Guck an, da lag doch der Fringser waagerecht und kommandierte herrisch: »Weiterfahren!« Führungsfigur eben. Aber Diego war in Plauderlaune: »Wohin geht's?« Waldi feixte: »Privatparty in Delmenhorst. Weiß doch jeder, dass Sarah wieder mit Terenzi zusammen ist!« Hehe, zehn Sekunden später rochen wir nur noch den Abrieb der Breitreifen auf dem Asphalt. »Der braucht bis Delmenhorst sicher nur vier Minuten«, schaltete sich Heribert grinsend ein, und selbst Troll lachte kurz meckernd auf, bevor er wieder wegnickte. Aber als wir über den Deich cruisten, hatte die Rennleitung Diego schon aus der Wertung genommen, Kontaktbereichsbeamte, so weit das Auge reichte. Wir fuhren trotzdem langsam an ihm und seinem Steppen-Ferrari vorbei, Waldi rief hinüber: »Wo geht's denn hier nach Delmenhorst?« Bruahahaha! Der Ausflug nach Bremen hatte sich definitiv schon jetzt gelohnt. Jetzt noch schnell zu Tommy, ein paar aufmunternde Worte sprechen. Aber als wir klingelten, kam uns ein sehr aufgeräumter Coach entgegen. »Ach, der Bart«, schmunzelte Tommy. »Hab eine Wette mit Klaus laufen. Er sagt: Keine Champions League dieses Jahr! Hab ich natürlich dagegengehalten.« Wir grinsten, und Delle frotzelte: »In letzter Zeit mal auf die Tabelle geschaut, Tommy?« Der Trainer winkte ab: »Ich hab alles im Griff, jetzt sechs Punkte gegen Bielefeld und Schalke, dann kommt der Bart ab.«

WEINPROBE? DOPINGPROBE?

Beim Spiel der Hoffenheim 99ers arbeitet sich die Clique durchs Buffet und sucht händeringend nach Ausgehtipps für den Abend in Sinsheim. Janker und Ibertsberger sind gerne behilflich.

Tja, im Nahkampf am Buffet machte mir so schnell keiner was vor. Ein routinierter Griff und schon landete der letzte Hummerschwanz im Sinkflug auf meinem Teller. Pech für den Silberrücken aus dem SAP-Vorstand hinter mir. »Probieren Sie's doch mal bei der Rohkost«, grinste Waldi und kratzte den letzten Löffel aus dem Beluga-Kübel. Hehe, das wurde ja doch noch ein lustiger Nachmittag im Business-Bereich der Rhein-Neckar-Arena. Dabei hatten wir diesmal alle Mühe gehabt, den Fünftürer vollzubekommen. »Schon wieder Hoffenheim?«, hatte Trollinger gestöhnt und sich mit einer lange zugesagten Weinprobe entschuldigt. Ich hatte vollstes Verständnis für den Alterspräsidenten, ich hätte den Samstag auch lieber damit verbracht, mit Mutti daheim die Couch warm zu halten. Aber half ja nun alles nichts, ich hatte meinem alten Kumpel Rainer versprochen, mal bei einem Spiel der Gladbacher vorbeizuschauen. Rainer war nämlich jetzt Vorstand bei Borussia. Hieß: unbegrenztes Spesenkonto und einmal am Tag vertrauliche In-

formationen an die Jungs von der »Bild« durchtelefonieren –
den Job hätte man mir mal anbieten sollen. Und als Ersatz
für Troll war endlich mal wieder Horny Mike mit von der
Partie. Unser Junior hatte sich in der letzten Zeit arg rar gemacht. Was wir alle sehr bedauert hatten, gab schließlich
ligaweit keine bessere Adresse für hochaufgelöste und trotzdem preiswerte Handyerotik. Absolute Premiumware, keine
Hüpfburgen, keine Hungerhaken, immer wohlproportio-
niert. Dabei wusste keiner, woher Mike seine Bildchen hatte.
Delle hatte da allerdings einen Verdacht: »Knipst der immer
selbst im Schrebergarten.« Draußen lief bereits die zweite
Halbzeit der 99ers gegen Gladbach. »Wie steht's denn?«, fragten wir Rainer, der gerade zum Nachfassen ans Buffet kam.
»Keine Ahnung«, gab der Vorstand zurück, »aber ich glaube,
die anderen führen.« Sprach's und drängelte sich zum Nach-
tisch durch, während wir mit der Clique den Fahrstuhl nach
unten nahmen. Schließlich hatten wir noch den heutigen
Abend zu organisieren, keiner von uns wollte wieder mit
Ralle zur Abi-Party in Sinsheim wie beim letzten Mal. Bauer
sucht Frau, Abschussquote im Minusbereich. Also wurden
wir kurz vor knapp im Spielertunnel vorstellig, um Boubacar
abzufangen, wie schon in Bremen ein Garant für gepflegte
Unterhaltung am späten Samstagabend. Aber Pustekuchen,
die meisten Spieler waren schneller an uns vorbei, als wir
gucken konnten. Und nicht einmal Ralle hatte Zeit für ein
kleines Schwätzchen. »Wendet euch doch bitte an die Tourist
Information in Sinsheim«, beschied uns der Coach. Hoho,

sehr witzig! »Hattest du 'nen Clownfisch im Sushi?«, fragte Delle missmutig. Wir wollten uns schon vom Acker machen, als plötzlich noch zwei 99ers vorbeischlurften. »Janker und Ibertsberger«, zischte Waldi, »die müssen doch wissen, wo hier heute Abend was geht.« Zwischenfrage von Mike: »Janker? Trägt der nicht Glatze?« Wir stöhnten genervt auf, der Kollege suchte wahrscheinlich am Montagmorgen auch immer noch nach den Ergebnissen der Zweiten Liga Nord. Beim nächsten Mal blieb Mike wieder daheim. Waldi eröffnete jedenfalls den Talk mit den beiden Jungs. »Ein Bierchen auf den Weg, die Herren?« Und hatten wir's doch geahnt, ein schneller Blick zur Seite, die Luft war rein, Sekunden später ließen die Burschen schon Luft in die Flaschen. Janker war als Erster fertig und erklärte: »Bei uns in der Kabine gibt es immer nur Kräuter-Bionade.« Wir würgten kollektiv, wie grausam von Ralle, was tat der den Jungs bloß an. »Habt ihr noch eins?«, kam Ibertsberger um die Ecke. Waldi reichte grinsend zwei weitere Kolben herüber: »Was geht heute Abend denn noch so?« Janker überlegte kurz und referierte dann: »22 Uhr Vorglühen bei Obasi, dann zur Single Night ins Kinki Palace!« Wir winkten genervt ab, in dem Schuppen waren wir neulich schon mit Ralle gewesen. »Also, Jungs, schönen Abend noch«, verabschiedete Waldi die beiden Kicker, die etwas unsicher durch den Spielertunnel davonwankten. »Hauptsache, die Burschen müssen nicht mehr zur Dopingprobe«, grinste Delle. »Diagnose: Nachweisbar Blut im Alkohol!«

ROCK 'N' ROLL IN RHEDA-WIEDENBRÜCK

Zweiter Bildungsweg für Olli. Der Titan soll Manager auf Schalke werden, muss aber vorher noch ins Assessmentcenter beim Fleischpapst in Rheda. Ehrensache, dass ihm vier gutgelaunte Kollegen unter die Arme greifen.

Ollis Anruf war erst am späten Abend gekommen. Umso erfreulicher, dass am nächsten Morgen dennoch ein ansehnlich gefüllter Kleinbus vor Kahnemanns Villa in Grünwald wartete. Und während in der dritten Reihe unter Gejohle schon der zweite Kasten angestochen wurde, kam der Hausherr endlich mit Kulturbeutel und Vertreterkoffer durch die Gartentür geschlendert. Großes Hallo im Bus, schließlich hatte sich Olli bei unserer letztjährigen Fahrt zum Saisonabschluss den großen Bierorden verdient. Motto: Wer sich erinnert, war nicht dabei! »Also, wo geht's nun hin?«, fragte Delle hinter dem Steuer ungeduldig. Kahn warf sich auf den Sozius und grinste dann breit: »Nach Gelsenkirchen! Da werde ich nämlich demnächst Manager!« Ungläubige Stille im Bus. »Du wirst Manager auf Schalke«, echote Delle fassungslos. Kahn grinste noch breiter: »Weiß auch nicht, mit wem die mich verwechselt haben!« Allgemeine Heiterkeit, und Delle drehte den Zündschlüssel. »Auf nach Gelsenkirchen!«

Begeisterung bei der Besatzung, nur Horny Mike protestierte.
»Aber ...« Delle unterbrach ihn: »Abba ist 'ne schwedische
Popgruppe. Wenn du zum Mittagessen wieder bei Mutti sein
musst, ist das definitiv dein Problem.« Die weitere Fahrt ver-
lief ohne Zwischenfälle, sogar unser bargeldloser Einkauf
an der Raststätte Remscheid blieb unbemerkt. Je näher wir allerdings dem Pütt kamen, desto nervöser wurde unser Star-
gast. Aber wozu gab es Onkel Günter? »Immer daran denken:
Wahre Stärke kommt von innen!« Olli knurrte übelgelaunt:
»Was ist das denn bitte für ein Schwachsinn?« Ich so: »Steht
so in deinem letzten Buch, Olli!« Treffer versenkt! Gut fünf
Stunden nach Abfahrt parkte Gerd auf dem Hotelparkplatz
in Rheda ein, natürlich mit den Knien, Klassiker! »Rheda? Ist
das ein Stadtteil von Schalke?«, kam Mike schon wieder
von hinten. Wir ignorierten den Burschen nicht einmal mehr
und zogen im Schlepptau von Kahnemann an den Schalker
Untoten vorbei in den Konferenzraum ein. »Na, Olaf«, grüßten wir das Schalker Faktotum, »hast doch sicher auch eine
Bewerbungsmappe losgeschickt?« Olaf lächelte süßsauer und
drehte ab zur Theke. Drinnen wartete schon der Fleisch-
großhändler, hatte den langen Tisch zum Arbeitsessen ein-
decken lassen. Delle rief grinsend: »Hoffentlich gibt's kein
Hack aus deiner Firma!« Bruahaha, wusste ja schließlich jeder, dass beim Clemens schon seit Jahren die Rinder knapp
waren. Fand der große Vorsitzende allerdings nicht besonders
unterhaltsam. »Wenn ich gewusst hätte, dass Sie Ihr Team
gleich mitbringen, hätte ich den großen Saal herrichten las-

sen!« Das fing ja gut an und wurde auch nicht besser, Olli war nämlich nicht besonders gut vorbereitet. Hätte er schon nachlesen können, dass Slomka nicht mehr Schalke-Coach ist. Und Émile Mpenza verkaufen zu wollen, war auch keine richtig zündende Idee. Dann aber sprang Delle ein, zog plötzlich aus Kahnemanns Köfferchen einen Ordner. »Unser Konzept! 30 Seiten knallharte Maßnahmen! Drei Stufen: Meisterschaft! Champions League! Derbysieg gegen Dortmund!« Wirkungstreffer bei Clemens, fünf Minuten später bahnten wir uns schon wieder den Weg zum Kleinbus. Vor dem Hotel war großer Presseauftrieb, allen voran die Witwenschüttler von der »Bild«. »Ich glaub, ich hab 'nen Tinnitus im Auge«, gluckste Waldi. »Ich seh überall nur Pfeifen!« Hehe, Spitzengag vom Urviech. Im Bus hielt Olli triumphierend Delles Ordner mit den Sofortmaßnahmen hoch. »Wisst ihr, was das ist? Ein Katalog für Elektrokamine. Hat Simone gestern noch draus bestellt!« Sensationell, auf Schalke waren sie noch einfacher aufs Kreuz zu legen als in Hamburg. Ich sag nur: Beiersdorfer! Abends feierten wir unseren Sieg im Sauerlandstern, Engtanz mit einer Brigade Verkäuferinnen aus Ennepetal. Horny Mike hatte allerdings mal wieder Pech gehabt. »Hinten Biene, vorne Ruine!«, kommentierte Waldi abschätzig, und Delle steuerte bei: »In der kannst du ja einen Flugzeugträger wenden!« Wir stießen mit Olli an. »Und, Keeper, machst du den Job?« Kahnemann lachte meckernd: »Seid ihr verrückt? Das Hack liegt mir jetzt noch schwer im Magen! Außerdem wollte Uli gleich noch durchklingeln!«

JEDEN ABEND GESELLSCHAFTSSPIELE

Uli ist verzweifelt. Er hat nämlich schon seit Tagen den Jupp mit Gattin bei sich daheim. Und das Duo macht keine Anstalten, abzureisen. Da trifft es sich gut, dass an der Säbener Straße gerade eine Dienstwohnung frei wird.

Keiner war scharf gewesen auf die Dienstreise nach München, nicht einmal unser Urviech. »Soll ich eine U-Bahn-Fahrt als Spesen abrechnen?«, hatte Waldi gemault. »Damit versaue ich mir meinen exzellenten Ruf.« Aber was half es, unser alter Kumpel Uli hatte uns händeringend darum gebeten. »Am dritten Tag stinken der Fisch und der Gast«, hatte er am Telefon gestöhnt. Eine geschlagene Woche hing Jupp nun schon mitsamt Gattin beim Manager zuhause herum. Kein Zweifel, Uli brauchte dringend eine Pause, hatte schließlich schon genügend Ärger mit Übungsleiter Jürgen am Hals. Also hatten wir uns am Samstag zur Seniorenbetreuung eintragen lassen. Treffpunkt 14 Uhr in Fröttmaning. Auf der Hinfahrt in Waldis neuem Sechssitzer führte Delle das große Wort. Hatte offenbar am Wochenende eine neue Bekanntschaft gemacht. Hieß Jeanette, hatte angeblich an der Stange Erfahrung. »Hast du die wieder beim Tauziehen gewonnen?«, lachte meine Wenigkeit. »Aber nicht, dass sie wieder ›.jpg‹ mit Nachnamen heißt«, steuerte Waldi launig bei. Touché! Delle schwieg beleidigt und taute erst wieder auf, als es unten in der Tiefgarage Ärger mit den Stiernacken von der Sicherheit gab. »Einmal zu oft befördert worden, wie?«, bellte er aus dem Fenster. »Und jetzt die Schranke hoch, sonst schmeißt der Uli morgen nicht den Jürgen raus, sondern euch!« Na also, ging doch! Und sieh an, wer hatte da seinen Dienstwagen auf den Frauenparkplätzen abgestellt? Den Aufkleber am Heck kannten wir doch: »Felix an Bord«. Aber was machte der Wolfsburger Kollege denn in München? Ging doch nur gegen Schalke. In der Lounge noch keine Spur vom Jupp. Dafür lungerte eine ganze Batterie Spesenritter vom Bezahlsender an der Biertheke herum, während Kalle in der Direktorenbox mächtig Theater machte. Telefonierte wild, fuchtelte mit den Armen. »Der spricht sicher gerade mit Diegos Vater und macht den Wechsel nach München klar!« Bruahaha, die Jungs von Sky bückten sich ab. Auch wir schmunzelten dezent, wusste doch jeder, dass Papa Diego am liebsten italienisch essen ging. Dann kam uns plötzlich der Altmeister von der Theke entgegen. Oh nein, der hatte schon wieder feuchte Augen. »Nicht weinen, Udo! Sie schließen doch gerade schon ein neues Fass an!«, frotzelte Waldi. Und da war ja auch schon Jupp, mit Gattin Iris im Schlepptau. Himmel, zehn Maskenbildner mussten wochenlang an ihr gearbeitet haben. »Wie geht's, alte Glühbirne?«, grüßten wir den Ehrengast herzlich. Ging die Laune beim Jupp natürlich gleich runter auf Kühlschranktemperatur. Och Gottchen, den Spruch müsste er doch inzwischen kennen. Nun ja, die Stimmung wurde nicht besser während des Spiels. War aber auch ein fürchterliches Gestolper! »Wenn ich mir so was anschauen will, kann ich auch gleich nach Hoffenheim fahren«, moserte Jupp nebenan ohne Unterlass. »Ist hier endlich mal Ruhe?«, knurrte jemand neben uns. Wir wandten uns um. Tatsächlich, der Nerlinger! Der Thronfolger, der Teammanager, die große Hoffnung des FC Bayern! »Christian, hol uns und dem Jupp doch mal fünf große Helle von der Theke! Und guck, dass du nichts verschüttest«, bestellte Waldi. Und, man glaubt es nicht, der Bursche machte sich tatsächlich auf den Weg. Wir glucksten. War das noch Nerlinger oder doch schon Michi Preetz? Plötzlich Anruf vom Manager aus den Katakomben, wir sollten sofort kommen. Also runter mit dem Aufzug auf Ebene null. Dort wartete Uli schon auf uns. »Probleme mit Jürgen?«, fragten wir vorsichtig. »Unfug«, winkte der Manager ungeduldig ab. »Den schmeiße ich morgen raus, ist alles schon geregelt. Aber was macht denn der Jupp?« Wir zuckten entnervt die Achseln. »Will noch in München bleiben, mindestens zwei Wochen!« Uli erbleichte und stammelte: »Das halte ich nicht aus. Jeden Abend Gesellschaftsspiele!« Wir grübelten, dann hatte Waldi plötzlich eine Idee. »Nimm ihn doch als Ersatz für Jürgen. Dann bezahlst du ihm eine Dienstwohnung und bist den Hausschwamm los«, dozierte das Urviech. Sensationell! Zwei Fliegen mit einer Klappe! »Danke, Waldi!«, strahlte der Manager und verschwand im Kabinentrakt.

157

HINTERGRUNDGESPRÄCH MIT BRUNO

Berlin ist immer eine Reise wert. Vor allem, wenn am Vorabend des Pokalfinales die Leverkusener beim Bankett so richtig die Lampen anzünden. Nur Trainer Bruno macht wieder nicht mit. Alt wird der in Leverkusen auch nicht.

Wahrscheinlich hätten sie uns sogar mitgenommen. Aber auf den Pauschaltrip mit Leisereiter Jogi nach Fernost hatten die Jungs ungefähr so viel Lust gehabt wie Diego auf München. Zumal die Starkstrom-Abteilung von Zimmer 9 diesmal schon frühzeitig komplett abgesagt hatte, am Ende hatte sich ja sogar Miro mit der üblichen Nasenflügelzerrung verabschiedet. Und um mit Hansi auf Zimmer 7 eine flotte Fanta aufzumachen, dafür waren wir einfach schon zu lange im Geschäft. Außerdem war ja Pokalfinale, und Rudi hatte fünf Platzkarten für die Clique beim Bankett am Freitag gebucht. Da hatten wir gleich zugesagt, zumal die Führungsriege schon seit längerem in der Halbliterklasse antrat. Als wir allerdings um halb acht im Saal aufschlugen, hockten nur die üblichen Verdächtigen an den Tischen. Kein Stöckelwild weit und breit. Die Gehirnspender aus der Schneise ließen den Zapfhahn glühen, während sich die Jungs von Premiere gerade in Mannschaftsstärke in Richtung Doppelnull aufmachten. »Na, Jungs«, grüßte Waldi, »schnell mal Schneeketten aufziehen?« Erst eine Stunde später marschierte die Bayer-Delegation ein. Von guter Laune allerdings keine Spur. Vor allem Bruno hatte offenbar heute Morgen seine Clownflakes nicht gegessen. Hockte sich gleich an die Theke und starrte missmutig ins Bier. Waldi stieß den Jahrhunderttrainer an: »Kopf hoch, Bruno! Ihr verliert doch erst morgen!« Konnte der Bursche überhaupt nicht drüber lachen. Wir aber! Muahahahaa! Mehr Sorgen bereitete uns allerdings, dass auch die Führungsriege um Rudi dahockte wie die Bayern in Barcelona. Delle knuffte dem Altinternationalen in die Seite. »Was ist los, Rudi? Aspirin-Patent abgelaufen?« Rudi schnaufte nur und warf uns grimmig ein Fax hin. »Ein Besinnungsaufsatz unseres leitenden Angestellten in der ›Süddeutschen‹«, knurrte er. Wir überflogen das Papier. Delle staunte: »In der ›Süddeutschen‹? Ich dachte, Bruno liest nur ›Coupé‹?« Wir verabschiedeten uns höflich von Tisch 04, da war heute Abend wohl eher eine gediegene Totenmesse mit Gemeindepfarrer Holzhäuser angesagt. An den Spielertischen war hingegen schon mehr los. In der Werder-Ecke saßen die Profis mit weiblichem Anhang. Bis auf Diegos Lebensabschnittsgefährtin waren aber ausschließlich Mädels der Preisklasse 30-60-90 an Bord. Und wie immer führte der Lutscher das große Wort. »Hab vorhin mein Premiere-Abo gekündigt«, führte der Senior aus. »Ich bin jetzt bei Sky!« Hehe, wir bückten uns ab. Der Lutscher verlangte sicher auch heute noch im Kiosk nach Raider und Treets. Nebenan am Bayer-

Tisch wurde schon gespachtelt, als würden morgen Lebens-
mittelkarten verteilt. »Kommt Calmund gleich noch vorbei,
oder warum haut ihr so rein?«, fragte Delle indigniert. Und
Waldi ergänzte glucksend: »Der bestellt sicher gleich ein
halbes Pferd mit Nudeln.« Dann bimmelte plötzlich die Funke
unseres Urviechs. Kollege Hamann aus England mit den
neuesten Tipps von der Trabrennbahn! Konnte man natürlich getrost ignorieren, die Hinweise. Wusste schließlich jeder, dass Didi nicht gerade das Rennquintett erfunden hatte.
Dann kam Patrick auf uns zugetorkelt, der Junge hatte offenbar schon in die große Kanne gelugt. »Mein Tipp für morgen: 3:0 für Werder«, lallte Lord Helmchen und sackte dann
auf dem Stuhl zusammen. Kollegial ließen wir den Burschen
unter den Tisch fallen, wäre doch unschön, wenn Bruno
ihn so sähe. Aber der Jungtrainer hatte ohnehin andere Sorgen, Rudi faltete ihn gerade vor den Stehtischen im Foyer
akkurat auf DIN A4. »Der fährt nächste Woche aber auch in
den Hartz«, mutmaßte Waldi. »Oder zum HSV«, ergänzte
Delle grinsend. »Die nehmen jeden!« Gerade wollten wir Jürgen L. Born in der Werder-Ecke nach der Kontonummer sei-
nes Sohnes fragen, da kam doch tatsächlich Schnix ange-
wankt. Der Routinier wollte sich von der Clique verabschie-
den. »Jungs, ich muss jetzt ins Bett. Morgen ist Pokalfinale,
und Bruno hat eben gesagt, er bringt mich!« Wir sahen
Schnix mitleidig nach, wie er unsicheren Schrittes zum Ausgang torkelte. Na sicher, Bruno würde ihn bringen. Und
Rudi abonniert morgen früh die »Süddeutsche«.

SO SEHEN SIEGER AUS

Eigentlich wollte die Clique bei Didi in Hamburg feuchtfröhlich den Saisonausklang begießen. Aber daraus wird nichts, denn der Manager hat beim Schlammcatchen mit Boss Bernd klar den Kürzeren gezogen.

Demnächst würden Delle, Waldi und ich uns neue Visitenkarten drucken lassen. Gestatten, Spielervermittler! Auf Augenhöhe mit Roger und den anderen Ganoven. Selbst Ladenhüter Lothar hatten wir vor zwei Wochen schon beinahe in Bielefeld untergebracht. Natürlich für einen lausigen Stundenlohn, aber ein bis zwei Körbchengrößen hätte unser Mann damit locker finanzieren können. Allerdings vergeblich, Lothar musste ja gleich anschließend die 1414 anrufen und Leserreporter spielen. Anyway, eine Woche später hatten wir unseren nächsten Blattschuss zu vermelden, als wir den kleinen Marko nach Bremen vermittelten. Nur die Ablösesumme hatten wir noch offengelassen, aber das dürfte ja nun wirklich das kleinste Problem sein. Nun waren wir auf dem Weg nach Hamburg, fröhlicher Saisonausklang mit Didi und den Kollegen in der Raute. Der Manager hatte Freibier und Buletten versprochen, das roch nach großer Sause mit scheckheftgepflegten Mädels aus dem Milieu. Dementsprechend heiterte uns schon die Hinfahrt mächtig auf. Trollinger hatte sich sogar ohne Murren selbst in den Kofferraum gelegt. Und während wir vorne vergnügt an Waldis Selbstgebranntem nuckelten, zeigte Horny Mike im Fond stolz seine neuesten Handyfotos. »Schon wieder deine Lebensgefährtin?«, fragte Waldi gelangweilt. Mike empört: »Nein, ganz neue Ware! Gestern fotografiert!« Und dann stolz: »Das links bin übrigens ich!« Von wegen, der alte Angeber. Wenn das tatsächlich Mike war, war Rocco Siffredi neuerdings Übungsleiter in Frankfurt! Als wir allerdings gegen 21 Uhr durch die Schwingtür in die Raute stolperten, herrschte gähnende Leere. Nicht einmal die Lebenszeitbeamten von Sportfünf hatten vorbeigeschaut, obwohl die ja bekanntlich schon morgens um halb neun in die Gleitzeit gingen. Nur Didi hockte griesgrämig hinter der Theke und reinigte lustlos den Zapfhahn. »Wo sind denn alle?«, wunderte sich Waldi. »Und vor allem, wo ist Bernd?« Der Manager griente bitter: »Der ist mit den anderen oben und probiert seinen Hermelinmantel an.« Hehe, der Didi wieder! Langsam wurde uns allerdings auch langweilig, schließlich waren wir nicht hergekommen, um mit dem Kollegen die Bistrotische abzuwischen. »Ähem, wir würden dann auch mal wieder ...«, erklärte ich vorsichtig, während Gerd und die Clique schon rückwärts rausschlichen und den Aufzug in die Chefetage suchten. Didi winkte müde ab. »Geht nur! Lasst mich nur allein!« So viel Larmoyanz kam allerdings nicht gut an. »Heul doch«, knurrte Waldi. Dann beeilten wir uns, von oben vernahmen wir mächtiges Partygetöse. Und wer sagte es, schon am Eingang fiel uns der halbe Aufsichtsrat um den Hals. Tja, da war wohl ordentlich Neuschnee auf der Doppelnull gefallen. No snow, no show! Waldi rieb sich die Hände. »Hier läuft heute Abend auf jeden Fall was«, sprach das Urviech und warf sich ins Getümmel. Unser Kollege hatte schon ordentlich Seegang, schwankte mächtig hin und her. »Das Einzige, was der heute noch aufreißt, ist die Klotür!«, höhnte Delle. Währenddessen ließ Mike fleißig die Handykamera blitzen. »Tolle Motive, tolle Motive«, murmelte unser Junior immer wieder versonnen. Morgen gab's die Aufnahmen sicher schon meistbietend im Netz. Top Ebayer, gerne wieder! Plötzlich kam Unruhe auf. Die Jungs aus der Schneise klatschten rhythmisch, der komplette Aufsichtsrat stimmte an: »So sehen Sieger aus!« Und tatsächlich, da kam er. Der Bernd! Der Boss! Sieger nach Punkten über den armen Didi. Nun trug der gute Mann allerdings ein bisschen dick auf, grölte ins Mikrofon: »Ich bin der König der Welt!«, und ließ sich von den Partygästen abklatschen. Wir verschränkten die Arme. Pfui, was für ein widerwärtiger Haufen Opportunisten! Jetzt musste sich zeigen, was den Leuten wichtiger war: wahre Freundschaft oder ein paar lumpige Einladungen im Jahr mit reichlich Alkohol und jeder Menge erstklassiger Hostessen. Für uns war die Wahl klar. Waldi sprang nach vorne und gab dem Boss die hohe Fünf. Und auch wir stimmten spontan ein: »So sehen Sieger aus!« So wie der Bernd. Und so wie wir.

Ein Blick hinter die Kulissen der Günter-Hetzer-Kolumne

GETRÄNKEHALTER UND TEPPICHRESTE

Eine Hotelsuite im vornehmen Münchner Stadtteil Grünwald, kurz vor zehn Uhr morgens. Es herrscht dichtes Gedränge, große Scheinwerfer erleuchten die Szenerie. Hier entsteht heute eine neue Folge der »Günter-Hetzer-Kolumne«, die allmonatlich die Leser des Fußballmagazins »11 Freunde« erfreut. »Der Kolumne ist der enorme Aufwand nicht anzusehen, den wir betreiben«, erzählt Autor und Titelheld Günter Hetzer. Ein Blick ins Rund bestätigt den gutaussehenden Doyen der Fußballszene.

In einem Ohrensessel wird gerade das bayerische Urviech Waldi präpariert und ihm eine halbvolle Flasche Weißbier in die Hand gedrückt. »In Wirklichkeit ist in der Flasche natürlich kein Bier«, erläutert Hetzer, »sondern ein teuflischer Fernet-Korn-Mix, der den Kollegen sicher binnen Minuten erblinden lassen wird.« Da ist er wieder, der infernalische Humor der sogenannten Clique, die außer Hetzer und Waldi noch den stets angeheiterten Alterspräsidenten Trollinger, den Jungspund Horny Mike und natürlich Hetzers alten Weggefährten Delle vereint. Letzterer kommt soeben zur Tür herein, der große, alte Mann des öffentlich-rechtlichen Fernsehens ist sichtlich genervt. »Habe gerade das Skript gelesen«, mosert er. »Schon wieder so eine uninspirierte Sauftour.

Können wir nicht einfach nur mal nett beisammensitzen, bei einem guten Glas Wein?« Lautes Gelächter am ganzen Set. »Wir sind doch nicht Batic und Leitmayr. Das kannst du in der ARD im Vorabendprogramm verklappen, aber nicht hier«, steuert Horny Mike bei, der soeben aus der Maske herübergeschlendert kommt, nicht ohne die reizende Tonassistentin noch einmal kurz mit dem Handy zu fotografieren. Ohnehin scheint der alerte Jeansträger bei den Damen am Set gut anzukommen. »Ein übelst guter Typ«, schwärmt auch Maskenbildnerin Mandy. »Neulich erst hat er ein total tolles Handyfoto von mir gemacht«, plaudert die junge Dame später aus der Schule. »Natürlich nur für den privaten Gebrauch!« Natürlich!

Ein Blick durch die Hotelsuite. Vieles erscheint dem Stammleser vertraut. Etwa die Doppelnull, Schauplatz endloser Tiefschneeabfahrten der Premiere-Belegschaft. Dann natürlich der Stehtisch, an dem die Clique auf der legendären »Wir geben Buka den Rest«-Tour nach Rumänien die Adlerjungs abfüllte. Aber auch der komfortable Geländewagen, der die Clique regelmäßig zum Einsatzort bringt. Wir wagen einen Blick ins Wageninnere. Tatsächlich alles da: der Wackeldackel auf der Hutablage und der Getränkehalter für Produkte der Firma Tuborg. Viel mehr aber noch interessiert uns: Gibt es ihn tatsächlich, Trollingers berühmten Kofferraum? »Der ist natürlich in Wirklichkeit viel komfortabler als in der Kolumne«, lächelt der Produktionsleiter und verweist auf die Teppichreste, die Trollinger eine stabile Seitenlage erlaubten, und natürlich auf den Getränkehalter hinter dem Reserverad.

Was ist Fiktion, was Wirklichkeit? Einer, der es wissen muss, ist Günter Hetzer, seit Beginn dabei. »Natürlich können wir nur einen Ausschnitt der Wirklichkeit präsentieren«, stellt er nachdenklich fest. »Vieles konnten wir nicht schreiben, es hätte unrealistisch gewirkt«. In der Tat, schon die Nacktrodel-Wettbewerbe auf der Bayern-Weihnachtsfeier 2002 stießen bei der Leserschaft auf ungläubiges Staunen, auch Entrüstung. »Erst als wir den Lesern aussagekräftige Fotos präsentiert haben, legte sich die Aufregung.« Wiederum Gelächter. »Kalle nackt auf dem Davos-Schlitten«, glückste Waldi. »Damit könnte ich ihn heute noch erpressen.«

Viel Wert wird am Set auf die sogenannte Continuity gelegt. Die ersten Folgen der Kolumne litten noch stark unter Anschlussfehlern. Da kam es vor, dass in einer Szene die Bierdosen der Hauptdarsteller noch voll waren, in der nächsten Szene aber schon leer. »Seither bekommen alle Akteure vor jeder Szene volle Bierdosen hingestellt.« Auch ein Problem: unrealistische Darsteller. »Da wurden uns Komparsen für Vorstandsmitglieder des Deutschen Fußball-Bundes angeboten, die allesamt nicht das erforderliche Alter von 78 Jahren hatten«, schüttelt Hetzer noch heute den Kopf.

Das meiste aber hat beinahe dokumentarischen Charakter. Etwa die Ausflüge zur Nationalmannschaft mit den inzwischen schon legendären Besuchen im Feierzimmer 9. Nur Kleinigkeiten werden dort arrangiert, etwa als anlässlich der

WM 2006 die Adlertruppe im Hotel in Grunewald besucht wird und Nesthäkchen David zum großen Amüsement der Umstehenden ein alkoholfreies »Jever Fun« eingeschenkt wird. »Das war in Wirklichkeit ein ›Bitburger Drive‹«, räumt Hetzer heute ein.

Plötzlich herrscht Aufregung in der Suite. Trollinger ist eingetroffen. Ein Hauch von Eierlikör wabert durch die Luft. Erstaunlich fit wirkt der Senior und stets bereit für ein Abenteuer. Allerdings nur für wenige Sekunden, dann sackt Troll, wie ihn die Clique immer noch liebevoll ruft, weg und wird von zwei Assistenten aufs Sofa gelegt. »Schafft ihn schon mal für den Außendreh in den Kofferraum«, kommandiert Delle, der inzwischen als Koproduzent an der Kolumne mitverdient. »Ein stattliches Sümmchen« komme dabei herum, schmunzelt der alerte Moderator, der seine Nebentätigkeit bis heute nicht beim Sender angemeldet hat. Dann müssen wir den Set verlassen. Drei sogenannte Rassehasen aus einem benachbarten Etablissement sind eingetroffen. Diskretion Ehrensache! Im Hinausgehen winkt uns noch einmal Horny Mike zur Seite. Ob wir Interesse an brandneuen Erotikbildern hätten. Frisch eingetroffen: Mandy, blutjunge Maskenbildnerin! Wir lehnen dankend ab.

Glossar

DOPPELNULL, SCHNEISE, »SUPERMÖPSE«

Die wichtigsten Begriffe aus dem Hetzer-Universum im Überblick

Adlertruppe
Enge Kooperation mit der Hetzer-Clique im Bereich »Geselliges Beisammensein mit Alkohol«. Einzige Ausnahme: Für Azubi David wird stets Jever Fun bestellt.

Anmachsprüche
Paradedisziplin unseres Urviechs. Neueste Variante mit Erfolgsgarantie: »Glaubst du an Liebe auf den ersten Blick? Nein? Dann muss ich eben noch einmal vorbeilaufen!«

Bayern 2
Dreierbob-Formation. Bildete sich spontan beim traditionellen Nacktrodeln auf der Bayern-Weihnachtsfeier 2001 aus Manager Uli, Killer-Kalle und Torwarttrainer Sepp.

Doppelnull
Umgangssprachlich für Sanitärräume aller Art. Bevorzugtes Ziel insbesondere der Schneeforscher vom Bezahlsender Premiere. Aber auch manch ein Vertreter aus der Schneise nutzt die Keramik für die eine oder andere Reise aufs Holodeck.

Enge Mütze
Morgendlicher Zustand der Clique nach abendlichem Besuch einer Feierlichkeit.

Feuerwehrausfahrt
Bevorzugter Parkplatz der Sturmtruppe um Onkel Günter bei Feiern in der Münchner Arena.

Granufink-Geschwader
Flachs über die Insassen der Schneise. Spielt dezent auf das oft stattliche Alter vieler Funktionäre beim Deutschen Fußball-Bund an.

Handyerotik
Einträglicher Nebenerwerb von Cliquenkumpel Horny Mike. Der Frankfurter Übungsleiter bessert sein karges Gehalt durch hochaufgelöste Erotikaufnahmen von Rassehasen aus dem Premiumsegment auf.

Högschde Disziplin
Geheimes Codewort auf der feuchtfröhlichen Party der Adlertruppe am Vorabend des Freundschaftsspiels gegen Österreich.

Hohe Fünf
Traditioneller Cliquengruß. Kann vom Senior Trollinger allerdings gichtbedingt nur noch sehr beschränkt ausgeführt werden.

Jever Fun
Lieblingsgetränk des Aushilfsnationalspielers David. Alternativ: Bitburger Drive! Sorgt bei den gestandenen Auswahlkickern von Zimmer 9 stets für große Heiterkeit.

Kofferraum
Seit 2004 Aufbewahrungsort des DFB-Alterspräsidenten auf Überlandfahrten mit Gerd, Delle und Onkel Günter. 2007 Polsterung des Kofferraums mit hochwertiger Auslegeware.

Neigungsgruppe Weißbier
Mit der Clique freundschaftlich verbundener Münchner Zirkel um Routinier Udo. Langjährige Erfahrung beim Reißen in der Halbliterklasse.

Puffbrause
Minderwertiger Schaumwein, wird bevorzugt auf Feierlichkeiten des Deutschen Fußball-Bundes ausgeschenkt.

Rassehasen
Umgangssprachlich in der Clique für ansehnliche Damen aller Art. Alternativ auch: Stöckelwild. Inzwischen viel Routine bei der Bewertung der anwesenden Hostessen und Starlets.

Schneise
Zentrale der Fußballverbände im Wald bei Frankfurt. Durch-

schnittsalter 102. Dennoch unverzichtbar: Hier wurde 2002 die legendäre »Wir geben Buka den Rest«-Tour mit der Nationalelf nach Rumänien geplant.

Spesenkonto 412
Auf dieses Konto beim Bayerischen Rundfunk bucht Waldi stets die stattlichen Ausgaben der Clique auf Auslandsreisen, pauschal ohne Abzug.

Stabtaschenlampe
Wurde von Jogis Assistent Hansi für die abendlichen Kontrollgänge im Mannschaftshotel angeschafft.

»Supermöpse«
Erotikmagazin. Hat das Urviech seit Jahr und Tag im Abonnement (»wegen der Reportagen«). Wird nach Lektüre an den Lesezirkel um Gerd und Horny Mike weitergegeben.

Tiefschnee
Kolumbianisches Marschierpulver. Besonders beliebt bei den Kollegen von der Abteilung Bewegtbild. Wird auf der Doppelnull eingenommen.

Trostpreis
Umgangssprachlich in der Clique für nicht so ansehnliche Damen aller Art. Alternativ auch: 30-60-90-Modelle.

»Wer Meister werden will, muss auch auswärts punkten«
Hinweis von Delle an die Jungnationalspieler, es mit der ehelichen Treue nicht zu übertreiben.

Zimmer 9
Trinkfestes und verlässliches Viermannzimmer der Adlertruppe auf Auslandsreisen. Traditionelle Belegung: Fringser, Mertesacker, Schnix und der Kapitän.

JEDEN MONAT NEU
WWW.11FREUNDE.DE/ABO